直播带货 80招

陈待忠　陈咏雪 | 著

北京联合出版公司
Beijing United Publishing Co.,Ltd.

图书在版编目（CIP）数据

直播带货80招/陈待忠，陈咏雪著.—北京：北京联合出版公司，2021.10

ISBN 978-7-5596-5483-0

Ⅰ.①直… Ⅱ.①陈…②陈… Ⅲ.①网络营销 Ⅳ.①F713.365.2

中国版本图书馆 CIP 数据核字（2021）第 162780 号

直播带货80招

作　　者：陈待忠　陈咏雪
出 品 人：赵红仕
选题策划：北京时代光华图书有限公司
责任编辑：管　文
特约编辑：太井玉
封面设计：新艺书文化
版式设计：冉　冉

北京联合出版公司出版
（北京市西城区德外大街83号楼9层　100088）
北京时代光华图书有限公司发行
北京晨旭印刷厂印刷　新华书店经销
字数175千字　787毫米×1092毫米　1/16　14.75 印张
2021年10月第1版　2021年10月第1次印刷
ISBN 978-7-5596-5483-0
定价：58.00元

版权所有，侵权必究
未经许可，不得以任何方式复制或抄袭本书部分或全部内容
本书若有质量问题，请与本公司图书销售中心联系调换。电话：（010）82894445

目 录

引言　直播带货已成为产品销售的主流方式之一　_1

心态
做一个心态积极、内心强大的主播

1. 如何克服紧张感？　_003
2. 我的普通话不标准，会不会被人笑话？　_005
3. 新主播怎么找到镜头感？　_008
4. 镜头前不漂亮怎么办？　_009
5. 新主播的直播间都没什么人气，该怎么办？　_010

♡6. 直播间有"黑粉"攻击怎么办？ _012

♡7. 不太会说话的人可以做主播吗？该怎么做才能记住所有内容呢？ _014

♡8. 我提了问题，没有人和我互动该怎么办？ _016

♡9. 我播了很长时间都没有人来购买，该怎么办？ _018

硬件
搭建好舞台，展示主播和产品

☆10. 该选择什么样的平台直播？ _023

☆11. 直播间该如何设计规划？ _025

☆12. 主播用的桌子、座椅、展示台有什么小心机吗？如何运用手机支架？ _027

☆13. 巧用补光灯和调试补光效果 _029

☆14. 主播的声音可以美化得好听些吗？美颜和滤镜开到多大更好？ _036

☆15. 主播怎么操作多账号同时直播？主播的联系方式提示牌该怎么设计才能引流？ _039

☆16. 直播手机的界面如何设计更有吸引力？主播如何设置镜像、反转镜头画面、同城位置？ _041

☆17. 主播直播时要准备哪些道具？ _043

☆18. 直播时的网络环境如何控制？ _045

流程
直播是一场从策划到总结的完善过程

◇19. 直播前的策划书如何准备？ _049

◇20. 如何优化直播的产品结构？ _053

◇21. 如何链接商品橱窗？如何检查商品链接？ _055

◇22. 如何设计有吸引力的促销政策？如何陈列商品更能促进销售？ _057

◇23. 团队搭配更有效 _059

◇24. 如何做好整场直播的时间节点规划？ _061

◇25. 主播要怎么穿着才正确？ _065

◇26. 主播怎样给自己化个美美的妆？ _067

◇27. 主播如何保护好自己的嗓子？ _069

◇28. 开播前主播如何让自己"嗨"起来？ _071

◇29. 如何创造一条千万流量的直播间预告？ _073

◇30. 主播如何选择背景音乐呢？ _077

◇31. 主播直播前如何编写出直播的脚本？ _079

◇32. 主播如何设计有效的开场白？ _081

◇33. 主播如何调动粉丝的兴趣？ _083

◇34. 如何展示和有效讲解产品，并提出成交主张？ _087

◇35. 讲解产品和欢迎粉丝如何联动起来？ _090

◇36. 如何展示购买链接的进入方式？ _092

37. 如何预告直播结束时间、下次直播时间，并随时让粉丝关注直播间？ _093

38. 直播后如何做总结？ _095

话术
做个会引导、会聊天、会成交的好主播

39. 如何掌握直播间粉丝的心理？ _105

40. 粉丝问"这个产品多少钱"时如何应答？ _107

41. 粉丝问"还能再便宜点吗"时如何应答？ _109

42. 粉丝问"这是全网最低价了吗""你们怎么比 XX 品牌还贵"时该如何回答？ _111

43. 粉丝问"今后还有更优惠的活动吗""什么时候再上新款"时如何应答？ _113

44. 粉丝问"不合适可以退换吗"时如何应答？ _115

45. 粉丝问"什么款式适合我""哪一款最显瘦"时如何应答？ _116

46. 粉丝问"有超小号吗""最大码是哪款""主播多高、多重"时如何应答？ _118

47. 粉丝说"你们的款式不够洋气 / 不好看""你们的款式太少了"时如何应答？ _120

48. 粉丝说"这两款都好看,你是专业的,帮我选吧""我165厘米、110斤,穿哪个号合适",或者"我穿哪个颜色合适""身高不高能穿吗?太胖能穿吗"时如何应答? _122

49. 粉丝问"这个品牌线下有卖的吗""从来都没听说过你家品牌"时如何应对? _124

50. 粉丝问"这是什么面料,缩水吗""3号宝贝多少钱"时如何应答? _126

51. 粉丝说"我着急穿,能发个顺丰吗"时如何应答? _128

52. 粉丝要你找一个和他身材一样的人试穿,或者要求"几款宝贝,都给我试一下吧",如何应对? _129

53. 如何应对产品以外的私人问题? _131

54. 有的粉丝没有被及时回应,提出"主播怎么不理人,不回答我的问题",如何应对?主播如何增加亲切感? _133

成交
提高客单价的方法

55. 主播如何引导顾客做连带购买? _137

56. 直播间如何运用神奇的"五步成交法"引导成交? _140

○57. 主播如何抓住直播的重要环节？ _143

○58. 主播如何面对粉丝对产品质量、物流或其他问题的投诉？ _146

互动
玩转直播间互动方法，促进粉丝活跃度

△59. 用抽奖刺激消费的互动玩法 _151

△60. 如何巧用有奖问答营造氛围，设计人气值奖励？ _154

△61. 如何设计产品拍卖促进成交？ _156

△62. 如何把才艺融合在销售环节中成为个人品牌的亮点？ _158

△63. 不认识粉丝的名字怎么办？粉丝不断催促你讲解他指定的产品，可你正在介绍的还没介绍完怎么办？ _160

△64. 如何引导粉丝关注直播间和加微信？ _162

△65. 主播如何通过名人提升直播间的影响力？ _165

△66. 如何提高直播间的权重？ _168

△67. 让粉丝学会联系客服私信、引导粉丝互动抽奖、引导用户点击转化粉丝、引导粉丝连麦互动、引导粉丝使用优惠券的话术 _172

△68. 如何涨粉？ _176

运营

直播不是一个人的战斗,而是团队的协作

- 69. 如何做好直播预热和推广策略? _183
- 70. 如何做多账号运营和多平台运营? _189
- 71. 如何通过短视频增加直播间人气? _191
- 72. 做好短视频定位的方法 _193
- 73. 如何做短视频的剧本策划、拍摄? _196
- 74. 剪辑短视频有何工具?发布作品时有何技巧? _198
- 75. 如何编写文案、选择话题、选定地址、@ 官方助手? _200
- 76. 如何推广短视频、链接商品? _202
- 77. 如何整合优质货源? _203
- 78. 如何管理客户关系? _205
- 79. 如何培养新人主播和让更多的主播帮你带货? _208
- 80. 品牌商家如何与非本品牌主播合作? _211

后记 _213

附录 直播禁语和禁止行为 _215

引言
直播带货已成为产品销售的主流方式之一

前有电商，后有地摊，原来能开多家品牌门店的老板风光不再。高昂的房租、水电、人工等费用压得他们苦不堪言，线下的人流量、销量甚至已无法支撑其经营。我几乎每天都会接到来自全国各地老板的电话："陈老师，我们该何去何从？库存太大，公司已无法正常运转。""陈老师，听说直播能卖货，我们的产品可以直播吗？"

新冠肺炎疫情对线下实体门店来说更是雪上加霜，线上直播却在这种环境下，因为发展趋势和环境局势的带动而蓬勃发展。我虽竭尽全力地吆喝直播的重要性，不遗余力地教导学员直播的方法，但仍然会听到许多不同的声音，总结起来无非是以下几点：

1. 线上直播就几个头部"网红"在赚钱，其他人都是混个热闹。
2. 我已经做惯了"甩手掌柜"，让我直播卖货，我不擅长。
3. 我家东西贵，能卖得出去吗？
4. 我年龄大了，学不会这些了！
5. 我再等等吧，现在还没到时候。

6.直播带货只是一阵风,浮夸的背后有数据作假,有虚假繁荣,到底对我的变现有没有意义?

他们会产生这样的声音实属正常,但若是不改变,他们必将被时代抛弃。

2020年春节时,我接到了一位老学员的电话,她说她先不急着学习直播,因为春节时店里生意还不错,收益是去年同期的3倍。她的产品不缺销路,还有300多个区县的代理商,偏远地区受线上销售的影响不大。我当时诚心劝她,生意好的时候,就该学习新的营销方法,这毕竟是时代的趋势,并不是短暂风口,原有的生意会随着趋势的发展而萎缩。她当时婉拒了。

现在想来,她这就是"火炭没有掉到自己脚背上"时的欠缺眼光。到了2020年5月,她再也坐不住了,再次给我打来电话。从她的语气中我能感觉到她巨大的焦虑与渴望学习的急迫心情。原来,4月时,她的产品销量断崖式下降,到了5月已经出现代理流失严重的情况了。现在,她把学习直播当成了救命药。

当等到要靠直播来救命时,机会可能已经错失了。她若是在2月就听从我的规劝,把代理商培养成为带货达人,此时新的商业模式已经形成了,也许不会出现代理商流失惨重、业绩直线下滑的状况。

如果你能在看到趋势时就开始相信、学习、执行,相信你将会在不慌不忙中受益。付出终有回报,那些在直播道路上先行付出的人,虽经历过艰辛的岁月与困难的煎熬,但时至今日早已赚得盆满钵满。如果你还在怀疑"直播现象"或者担心自己的能力,舍不得耗费精力去突破,那么等待你的将是什么?不言而喻。

任何一个新事物产生时,都会出现短暂的膨胀期,直播带货背后的确存在虚假交易，类似淘宝打击的刷单行为，但是这仍无法阻挡线上的发展趋势。带着不浮躁的心迈入，锁定目标踏实地前行，一步一个脚印地走下去，终将成功。

商业的本质从未改变

商业的本质从来没有改变过，看破并精专四个核心问题就能取得理想效果：

卖什么——你的初心与成长经历。

卖给谁——你想解决哪部分人的痛点。

怎么卖——当时最新的且最有力的营销工具。

在哪里卖——最适合你的产品的营销渠道。

卖什么是产品定位和事业方向问题，和我们的初心与成长经历有关。打个比方来说，你家祖上三代都是卖竹编产品的，有着祖传的手艺，你从小就在竹子的世界里长大，眼前的世界都是竹编的各种道具，你从小学习各种手艺，能编出别人喜爱且不能轻易复制的工艺品。这说明你这一生的事业使命就是将传统的竹编艺术发扬光大。如果你的梦想本来就是将竹编事业传承下去，且让世界各地的人了解中国竹编手艺，那你的初心就和人生经历完美结合了。你很幸运，不必再去苦苦寻觅事业方向了。

在互联网时代，许多人容易浮躁。什么产品能卖钱，什么产品好卖，他们就去卖什么。要记住：不管商业环境如何变化，你要永远记得自己的使命是什么，最擅长什么，抑或是自己深爱着什么，最适合卖什么。这份初心不丢，才能终成大业。

卖给谁是顾客定位和品牌调性定位问题。天下人的生意是做不完的，你不可能把产品卖给所有人，只可能选择其中很小的一部分。放眼中国，人口红利期仍在，哪怕是很小众的群体都将是大生意，有了直播工具更能帮你把产品或者服务快速卖给粉丝。所以用户画像一定要清晰且精准。

用户画像最简单的定位方式包括四个方面。

第一，用户的自然属性：年龄、性别、籍贯等。

第二，用户的社会属性：职业、职位、收入、婚姻状况、小孩、家庭成员等。

第三，用户的兴趣属性：生活习惯、个人爱好、生活方式等。

第四，用户的消费属性：产品、渠道、频率、数量、金额等。

采用互联网直播销售的形式，清晰的用户画像很重要。你能否将用户立体生动地描述出来，且了解他们的需求是什么？痛点有哪些？如何说到他们的内心去，解决他们的问题？

比如，某企业的用户画像是这样的：客户群体是年龄在25～35岁的宝妈，她们平时没有时间工作，主要以带小孩为主，有一些小副业，但是赚钱不多。她们渴望获得家人的认同，又乐意接受与亲子相关的教育，她们对钱的敏感度高，希望购买到安全、实用又便宜的母婴产品。

怎么卖是销售方法和销售模式问题。要结合产品本身的属性设计出销售方式与奖励模式，让这种销售方式或者销售模式形成势能，形成一种无须语言的自然推动力量。打个比方，在电影院门口卖爆米花。观影人群闻到香味就可能会自动买单。无须多少语言，这是一种自然而然的过程，已经形成了一种仪式感。电影搭配爆米花、可乐的方式已经形成了销售模式。

在哪里卖是销售渠道问题。以服装行业为例，传统的销售渠道是从品牌总部到代理商再到经销商的模式，其中还产生过二级批发商、三级批发商。电商的兴起，加之厂家进入短视频与直播领域使中间商赚差价日益艰难。人人随身携带的手机成了直播新工具，其方便性、及时性所带来的商业变革将无法估量。

伴随着互联网的多元化发展，尤其是短视频与直播的迅速崛起，以上四个方面已经发生了翻天覆地的变化，传统的营销思路和营销策略显然力不从心。产品极致化、需求多元化、模式人性化、渠道扁平化、利润合理化的思维，已经成为互联网商业时代的主旋律。

与此同时，传统的品牌、媒体、组织和渠道已经发生了巨大转型，我们身为品牌方或者代理商、经销商，无论哪个角色，如果没有意识到这些变化，都将无法在新商业时代立足！

新环境下的商业转型

手机这项工具的智能发展，直接影响了商业的转型，具体转型包括：

传统品牌向"自品牌"转型。创始人或销售者的个人品牌成为消费者关注的焦点，创始人或者销售者"网红化"，顾客、消费者"粉丝化"的趋势形成。很大一部分消费者是因为喜欢某个人的个性、生活方式或兴趣爱好，从而喜欢购买他家的产品。鲜活、有情怀、有温度的"人"成了大家心目中的品牌；明星代言产品而被大众熟知的时代快要结束了，人们反而更喜欢与他们一样平凡而真实的人、有特色而鲜活的人、专业的意见领袖、可爱或者幽默的主播的推荐。这些人如此生动，又充满创意，在消费者心中产生镜像效应，他们的人生和消费者的类似，又高于消费者一些，他们带给消费者的乐趣与共鸣也让消费者在学习中成长。

传统媒体向"自媒体"转型。微信、微博、头条号、百家号、知乎号、抖音、快手等逐渐代替了电视、报纸、路牌、DM单等传统媒体。在我们家，不论小孩还是老人，看电视的时间都已经很少了。关注点的改变，使得人们购买物品的方式发生了巨大的改变。我的母亲，快70岁的人，以前是守着黄金时间看电视，如今已经变成守着手机看直播，因为直播中总有她喜欢且性价比高的产品。家里每天都要收到来自天南地北的包裹。我家每个人都有自己的"网红"偶像。我儿子才7岁，就有了他喜欢的带货达人，那是一个动画角色，叫"不白吃"，是个美食"网红"，只要"不白吃"一开播，他就会要求我太太给他买好多世界各地的美食。这个可爱的小主播给我儿子带来了欢乐的同时，也让他学会了许多与美食相关的历史、人文知识。我太太喜爱的主播是知识型的，她喜欢历史、人文、特效、摄影、电影影评等，通过观看直播，她购买了大量线上学习课程与书籍。这充分说明知识型的无形产品同样可以在直播的时代销售火爆。她还有一个从小到大的爱好，就是收藏石头。以前她花在收藏上的钱真不少，收藏的石头稀少而且来自世界各地，价格也很高。自从她在直播中找到了奇石的主播后，简直喜不自胜，只要有时间就会去看有没有值得收藏的石头。她最为得意的是收藏了一块"阿赛斯特莱水晶石"，这种水晶极难收藏，产地目前只有印度南部地区和美国北卡罗来纳州。这种水晶在疗愈圈子非常有名，她收藏的这块在同类水晶中算是非常大的。十分之一大小的这种水晶售价在人民币1000元左右，也就是说，这块水晶要几万元，还不一定能寻到。但是她在直播间多少钱买的？首先这块水晶绝对是真品，我太太研究石头是打小的"童子功"，一认一个准。她买到的价格是500元。以往多层级中间商的差价让产品价格超越了本身的价值，今天直接面对矿区，她拿到的就是刚出矿的产品。对于厂家和消费者来说，这是不是双赢？

传统组织向"自组织"转型。 各种因为兴趣爱好、生活方式、人生经历和价值观等组织起来的社群组织，逐渐替代了传统的自上而下的层级化的公司式管理组织。人生得一知己足矣，强大的互联网让人与人瞬间对接，你可以以最快的速度找到和自己某一特质一致的人。宝妈们相聚的自组织，讨论如何育儿、购买实用好物；旅游达人们欢腾的自组织，讨论旅行见闻、行程装备、好物收罗；音乐发烧友、重度娱乐八卦爱好者、田园牧歌追求者等等，有共同理想的人凝聚在一起，形成了强大的消费力组织。

在我们所培养的主播里，有些优秀且特征鲜明的主播已经有了自己的线上、线下社群，主播的角色也转化为社群领域领袖。比如说，有亲子教育的主播组织的"教育好宝群"，也有养生达人组织的"修身养性群"，线上经常组织教学或者推出新品，线下定期举办沙龙与主题活动，拉进主播与粉丝们的距离，增加黏性。

传统渠道向"自渠道"转型。各种自媒体渐渐替代了传统的线下实体门店，成了商品流通的重要渠道之一。传统的从总部到代理商，再到经销商，最后至门店的靠"仓库转移"的渠道方式，已经被互联网的扁平化取代，信息透明带来了价格透明。多少平台的直播带货价格已经低到了让消费者尖叫的地步，哪里还有中间商赚差价的机会？

与自媒体相比，传统渠道有着明显的缺点。

首先，传统线下门店成本居高不下，尤其是房租和人工成本，占去了很大一部分利润，产品在价格上完全没有任何优势。卖贵了，消费者不买单；卖便宜了，又赚不到钱，这真是让实体店老板进退两难。

其次，线下门店的营业时间只有白天，而现在很多年轻人到了晚上才是最活跃的时候，这时候门店已经打烊，他们只能去线上消费了。

再次，线下门店只能做方圆3~5公里的消费者的生意，距离再远点，消费者就不愿意去了，开车怕塞车，停车也很麻烦，走路又怕辛苦，因此很大一部分人选择了线上消费。线上的商城及各大电商平台因此受到了热烈追捧。可惜，好景不长，随着时间的推移，随着各种互联网工具和娱乐化消费场景的出现，传统电商也显露出了诸多弊端。一是图文展示的局限。传统电商基本是通过产品图片和文案来吸引用户的，缺乏生动和现场感。二是流量获取越来越难、越来越贵，花钱做推广，效果可能还得不到保障。三是消费场景太单调，只是单纯的买卖，缺乏娱乐性和互动性。

基于此，直播带货应运而生，弥补了传统门店和传统电商的弊端，成本低、效率高、24小时不打烊、做全国的生意、生动直观地展示商品、粉丝的获取和裂变相对容易、具有娱乐性、互动性增强，可谓当下有力的销售渠道和模式之一了。

虽然一部分商家已经先人一步，看到了直播带货的趋势和未来，但是因为直播带货兴起时间较短，国际国内都缺乏专业研究机构和专业训练导师，主播缺乏专业训练，直播时花样百出，直播效果也有天壤之别。有的商家想开展直播带货，但是完全不知道从何下手。

在这样的背景下，我将从直播心态、直播硬件、直播流程、直播话术、成交引导、直播互动和直播运营等七大方面，全面讲解直播带货具体的方法和操作步骤。希望这本实操性直播带货工具书，能帮助想要涉足直播带货的厂家、商家以及众多自由创业者快速跟上潮流，实现事业转型、业绩倍增，以全新的视角和面貌走进这个百花齐放、万紫千红的新商业时代！

心态

做一个心态积极、内心强大的主播

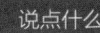

无论销售什么，良好的心态都是成功的第一步。当我们将销售模式从线下搬到直播间的时候，因为销售的渠道不同、沟通的形式不同、面对的对象不同，需要处理的问题也有诸多不同。因此，对于主播来说，及时调整心态，积极适应新的销售场景，就显得尤为重要。我们总结了新主播在最初直播时的心态和困惑，希望能够给大家一些指引。

我也分享

1.

如何克服紧张感?

在直播教学的过程中,我发现一个现象:一些实体门店的销售高手,在面对直播手机的时候会表现得非常紧张、语无伦次。一开始我对这种现象完全不能理解,后来,经过多次沟通我发现,这是因为在面对面沟通和销售的时候,他们可以看到对方表情,可以及时感受到对方的反馈,而在直播间里,他们看不到对方的表情,也听不到对方的声音,就像对着空气讲话一样,实在让他们不太适应,他们完全不知道对方是什么态度,是喜欢还是讨厌?有什么困惑?是否听明白了?……当然,也有一部分新人主播适应得非常快,除了第一次直播时有些尴尬和生疏外,开播两三次后就完全适应并能迅速转换角色了。对于适应较慢的新人主播来说,他们该如何克服紧张情绪呢?在长期的教学和辅导过程中,我总结了克服直播紧张的最好方法:熟悉环境,充分准备。

首先是熟悉环境。就像一个初学驾驶的人一样,如果他能提前熟悉行进的道路,并对车辆上各种功能按钮提前操作熟练,驾驶时的紧张程度就会大大降低。主播也要提前熟悉声卡的运用方式、手机在直播时的各种调试方法、画面的结构等,比如,哪里是留言区、哪里可以加关注、哪里可以加粉丝团、哪里可以查看粉丝个人主页、哪里可以调试镜像等等。不仅要熟悉设备和操作,还要熟悉直播间的结构和布局。

其次是充分准备。一方面是要熟悉货品,对直播时所销售货品的型号、功能、库存情况等了然于胸;一方面是话术的准备,要提前写直播台词,如何开场、如何欢迎粉丝进入直播间、如何抽奖等,要事前反复练习,熟练掌握后就不会那么紧张了。不会写直播台词的人也不用太过担心,本书有详细的话术可以作为参考。

除此以外,学习其他主播也是一种很好的方法,找到和自己所销售产品相近的优秀主播,多看他的直播,学习他的直播风格、话术、方法,也能帮助我们快速进步。

2. 我的普通话不标准，会不会被人笑话？

如果一个主播颜值高、口才好、才艺多、普通话好，那当然是很完美很让人开心的事情，但是大多数人并不会如此完美。这里，我要跟想做主播的朋友分享一个观点：普通话水平并不是决定主播成败的关键因素。很多优秀主播的普通话并不标准，甚至方言味还很浓。直播有你自己的特色，反而容易给粉丝们留下深刻印象。因此，你不必纠结普通话的问题，可以大胆分享你的观点、真诚分享你的产品，用真诚与热情去感染每一个粉丝。

当然，如果你有时间，也可以提升一下普通话水平。毕竟字正腔圆、说话抑扬顿挫、音质优美、语调读音标准的主播还是很受欢迎的。

在这里，我跟大家分享一个非常简单的练习普通话发声的方法——练习绕口令。与发音有关的是唇、齿、舌三个部位，可以每天练习五遍绕口令，既简单，又对咬字吐字非常有帮助。

练习唇音

八百标兵奔北坡，

炮兵并排北边跑，

炮兵怕把标兵碰，

标兵怕碰炮兵炮。

练习齿音

四是四，十是十，

十四是十四，

四十是四十，

谁能说准四和十，

谁来试一试。

练习舌根音

哥挎瓜筐过宽沟，

赶快过沟看怪狗，

光看怪狗瓜筐扣，

瓜滚筐空哥怪狗。

勤练口舌操

电视台的主持人在上播前也会练习口舌操，让舌头更灵活，表达更流畅。不仅可以在上播前练习10分钟，平时也可以每日练习10～20分钟，步骤如下：

第一步：张大嘴。按照音乐节拍或鼓点一张一合，30次。

第二步：伸舌头。按照音乐节拍或鼓点一伸一缩，30次。

第三步：顶舌头。按照音乐节拍或鼓点用舌头顶两腮，左一次右一次，共计30次。

第四步：舔牙床。按照音乐节拍或鼓点用舌尖舔牙齿背后，一上一下，30次。

第五步：卷舌头。按照音乐节拍或鼓点用舌尖舔上牙膛，由前往后，30次。

第六步：弹舌头。按照音乐节拍或鼓点舌头由卷变为放平，反复做（如同发"啦"音的方式），30次。

第七步：活动嘴。按照音乐节拍或鼓点使嘴进行一张一咧一嘬一抿的变化练习。

3. 新主播怎么找到镜头感？

镜头感有两个方面，一是说拍摄者，一是说表演者。对于拍摄者来说，镜头感是指摄像师的画面构图和运镜方法。对于表演者来说，镜头感是指表演者表演生动、表情自然、动作协调、节奏把握得当。我们这里重点探讨一下表演者的镜头感。一些带货主播总觉得自己没有经过专业的表演学习，镜头感不如才艺主播，或者觉得自己五官不够立体、表情不够丰富，直播效果会不够好。这里分享两种可以快速提升镜头感的方法。第一种方法是带着微笑反复朗读直播台词并用手机录下来，再回看视频，不断纠正和调整表情，直到自己觉得表情自然为止。第二种方法是勤加练习，克服紧张，直播做久了，镜头感自然就好了。

另外，心理暗示也是一种有效方法，想象镜头前是平时自己在实体门店的顾客或者自己亲密的朋友，与他们像聊家常一样谈天说地，和他们分享产品，回答他们的问题时，只要做到真实、自然、有情绪就好啦。你只需要想象只有一组家庭，或者只有一位粉丝在看着你，你在与他们亲切互动，这样就会让紧张感减少很多，表情也会变得更有亲和力、更自然。

4.

镜头前不漂亮怎么办？

很多人都有一个误区，以为只有身材好、颜值高、才艺佳的人才适合做主播，其实这样想是不对的，那是对秀场主播的要求。对于带货主播而言，最重要的是对产品的专业度和直播的可信度，只要你对自己销售的产品有足够的认可和信心，真心想把高性价比的产品分享给粉丝，帮粉丝解决某方面的问题和需求，粉丝是能够感知到的。相对于产品的性价比，他们对于颜值和身材看得就不那么重要了。再者，如果你实在觉得自己身材不好、皮肤不好、脸蛋不美，直播不是还有美颜和滤镜功能吗？大多数直播平台的美颜功能都很不错，可以瘦脸、大眼、美白等等，完全可以满足你变美的需求。

因此，不必担心胖、不美这类问题。内心足够自信才是主播持续成功的关键，而我们的自信就源于不断与粉丝的互动，在此过程中，我们增加了产品的相关知识，也了解了粉丝的喜好，更能够分享有价值的内容。

5.

新主播的直播间都没什么人气,该怎么办?

主播都特别希望直播间人气爆棚,粉丝非常活跃,但是新主播没有太多的粉丝基础,主播技能还在修炼中,直播间人气缺失,该怎么办呢?

把直播链接群发给1000个好友,到头来进直播间的也不过一二百人,而且还是来来去去、进进出出的,同时在线的不过几十人。直播了几次之后,人变得更少了。一些短视频平台直播间,如抖音直播,刚开始直播时可能同时在线的就几个人,这让很多主播感到非常尴尬,而且会严重影响主播的热情和信心。那主播应该如何面对持续冷场的情况呢?

首先,我们应该知道一个生意逻辑。比如你开了一家餐饮店,刚开业时由于有亲朋好友来捧场,还有一定人气,几天后,生意就淡下来了。因为周边食客对你的店、你的菜品都不了解。这时候就需要做一些免费试吃、进店有礼等促销活动,慢慢让周边食客走进你的店,了解你的店,只要菜品好、服务跟得上,生意就会慢慢好起来。做直播也是相同的道理,刚开始别人不了解你,也不知道来你的直播间有什么好处,认识你有什么价值,来的人少实属正常。你只要优化视频内容、设计粉丝利益,做到让直播间对于粉丝来说有价值、有好处、有趣、有情,粉丝数自然就会慢慢涨起来，这是一个过程，不能心急。任何主播在直播平台的起步期都会经历一个无人问津的阶段。这个阶段，我不建议团队进行付费推流量。因为如果主播对于产品的熟悉度不足、直播节奏把握不好，没有按相应的直播流程进行设计与规划，付费推流将会鸡飞蛋打。各位要理解，主播是直播间的天花板，主播的能力与直播的策划要齐头并进，相得益彰。

其次，我们应该庆幸刚开播时来的人少。因为刚开始直播的时候，我们的直播流程可能还不够完善、直播话术还不标准、直播技巧也不够娴熟，要是来的人多了，反而会影响品牌形象。当你还没有准备好的时候，知道你的人越多越不好。因此，刚开播的时候如果粉丝少，就把直播当成重要的练习机会吧，你想想，是当着少数人练习好呢，还是当着几百、几千人练习好呢？

当我们的直播技巧逐渐成熟的时候，就应该想办法提高直播间的人气了，具体的方法在后面章节中会有详细分享。做直播也是一项持续精进的事业，不能满脑子想的都是很美好的情况：一开播就来一堆粉丝，出完货就收场，或者天天都暴涨粉丝数。日积月累、不断完善自己才是正道。

6.
直播间有"黑粉"攻击怎么办?

所谓"黑粉",就是来你直播间捣乱的人,他们或故意刁难,或带头起哄,或无端诋毁,或进行人身攻击,甚至会群体带节奏,发布攻击信息,还可能有意或无意地抬杠、捣乱。作为主播,你要明白,直播间就像一个人生大舞台,主播就像演员,你不可能做到让所有观众都喜欢你,总会遇到几个在台下扔矿泉水瓶的观众。成为大主播之后,你要面对的压力会更大。遇到这样的"黑粉",该如何调适心态呢?

这要分为两种情况:一是确实有产品和服务方面的问题需要解决,二是故意刁难或人身攻击。如果是第一种情况,不要和他们在直播间沟通,这样会带来负面影响,要用互动手机或客服号和他们私聊,产品或服务有什么问题都及时处理。如果是第二种情况,情况轻微的,可以不用理会或一笑而过,比如对方在公屏上留言"主播有男朋友吗?""主播好像我的初恋情人!""主播什么时候下播一起吃夜宵"之类的,可以装作没看见,继续讲你的产品或回答其他粉丝的问题即可。如果情况比较严重,产生了负面影响或者对方对你进行人身攻击,而且是刷屏式持续发布,比如"千万别信,他家都是骗人的"之类,可以立即将其拉黑或踢出直播间。

目前大多数直播平台都有将粉丝拉黑的功能，这样就可以将他从你的直播间清除，此号之后也无法再进入你的直播间，除非他换个号。而且一般很少出现这种情况，如果真遇到竞争对手的恶意攻击，或者可能跟你本人有过节，你需要截屏留好证据，然后在平台上投诉他。

在类似抖音这样的短视频直播平台，有无限公域流量，你完全不知道会有什么人进入你的直播间，也许会遇到你的初恋情人，或者你得罪过的人，甚至是你特别不想遇见的人，互联网时代就是这样，信息透明、万物互联，只要把内心锻炼强大了，这些就都不是事儿了。

7. 不太会说话的人可以做主播吗？该怎么做才能记住所有内容呢？

只要能开口说话就不存在"不会说话"这个伪命题。我们回看从卖场导购到电视购物，他们都抓住了四个字——深谙人性，他们懂得将语言和人性结合起来，比如，××店的销售人员，成功的核心就是"糖衣炮弹"四个字，对进店的女性用各种赞美的语言攻势，对方一旦沦陷，可能就会产生购买行为，甚至有的人买完产品出门的时候都不知道自己选的什么。做到这点其实很简单，就是"1万小时定律"，也就是不停地说，不停地模仿，不停地练习。这没有什么难的。谁下的苦功夫最多，谁就能成功。虽然这些方法人人都知道，但能做到的人少之又少。

所以，我们要有毅力，有坚持下去的精神，写好主播话术之后勤练、勤说，说错了就改正再来，长此以往，没有成功不了的。

新人主播就像刚学习演讲的人一样，他们一旦上了台，什么事情都有可能发生。比如，心跳加速、额头冒汗、四肢发抖、语无伦次、词不达意，甚至大脑一片空白。在辅导和教学的过程中，我发现有个别主播不管开播之前如何准备，开播之后还是会忘词。我一般建议大家，如果实在不知道聊什么，就讲讲自己从小到大的成长经历，或者讲讲自己在这家公司工作的经历，因为这是自己的亲身经历，所以不管怎样都能有话说。这样坚持几次之后，紧张感就会慢慢消失了。如果实在担心忘词，就要辛苦一下自己，把要讲的话全部写下来，放在直播手机旁边，想不起来时可以照着念，当然，这是万不得已的办法。

现在还有一种大屏提词器，可以把要讲的内容放在大屏上，跟手写效果是一样的。

8.
我提了问题，没有人和我互动该怎么办？

直播间的互动主要是指点赞、留言、打赏和加粉丝团。直播间粉丝的互动性非常重要，大多数直播平台对直播间的考核都有粉丝互动性这个指标。互动性越高，直播间的权重就越高，平台就会给你推荐更多的流量。当然，不同的直播平台的规则稍有差异，但留言互动率是所有平台都一致的指标，因此主播要不断提出问题或抛出话题让粉丝留言参与。遗憾的是，有时候在主播提出问题后，没有人响应，这时很多主播都会觉得很尴尬，甚至不好意思或者没有信心再播下去了。尤其是一些老板和高管做主播，他们平时都是一呼百应的，完全适应不了这种无法掌握主动权的沟通方式。那我们该如何面对这样的情形呢？

我们要了解一个事实，不在公屏上回应你，不代表粉丝没有看见，不代表粉丝不认同你。就像老师在课堂上问学生"大家如果有不明白的地方尽管提出来吧"，其实有的学生真的没听懂，但他们依然不会向老师提出来。没有人提出问题时，老师就会自言自语："如果大家没有什么问题的话，今天的课程就到这里结束了。"

主播要学会提一些简单的问题，如"想看主播介绍汽车内部空间的请扣1""想要这款做特价的宝宝们,请扣111,我看有多少人想要得到""想听主播唱歌的请公屏留言'唱歌'或扣出你们想听的歌曲名字""想领取主播赠品的粉丝宝宝们请扣888"。这些问题简单易回复,粉丝们互动起来了,主播的直播间人气自然就旺了。

同样,我们也要学会自我圆场、自问自答。如果粉丝不回答你的问题,你就自己回答。比如,你可以说,"第一次来到我的直播间的朋友在屏幕上打出666",说完后一直没有人响应,这时你可以说,"看来大家都是老朋友了,那我们继续聊关于设计师的创意问题吧"。再比如,你说,"大家如果有什么问题可以在公屏上打出来",说完后,一直没有人提问题,你可以说,"看来大家的学习力都很强,全都理解了,那我们继续讨论别的问题吧"。如果是销售服装,主播说"有想购买的宝宝可以扣1",无人回应时,主播可以说:"这条如果没有宝宝喜欢,我就换下一条了,过会儿我再重复这条,宝宝们考虑好了下一轮要抓紧啊。下一条的特点是……"这样,话题就轻松转到了下一个产品上。

9. 我播了很长时间都没有人来购买，该怎么办？

对于一个带货主播来说，其最终目的就是要把货卖出去，如果直播了一个小时甚至更长时间，一件货都没有卖出去，或多或少都会影响主播的情绪。

其实大家要想一下，顾客待在你的直播间为什么又不购买呢？归纳起来主要有四个原因：一是顾客暂时没有需要，但对你的产品或你这个主播有一定的兴趣，喜欢听你聊天或讲解一些专业知识；二是顾客对你还不够信任，以前没有接触过，想多看看、多听听、多了解，再做购买的决定；三是顾客觉得价格贵了，想和其他同类直播间的商品做一个对比；四是顾客还没想好到底要怎样选择，买什么款、什么颜色等等。因此，只要产品具有竞争力，你充满自信地坚持播下去，就一定能让粉丝慢慢产生信任，从而做出购买行为。

请大家千万记住：信心和持续力是直播带货极为重要的成功因素。千万不要等到粉丝看了你五场直播，已经产生了信任，准备在你第六场直播下单时，你放弃直播了。

归纳总结一下，直播的心态就是：阳光积极，脸皮厚；自说自话，带节奏；事先准备，有手稿；事中互动，不怕杠；事后总结，勤改善。

把这首我编写的主播开场前要大声朗诵的心态词送给大家，请各位主播在开播前对着镜子大声且微笑着朗诵三遍！

我是最棒的主播

我是最快乐的主播，有许多粉丝喜爱我；

我是最积极的主播，有许多粉丝鼓励我；

我是最努力的主播，有黑粉是在鞭策我；

我是最勤劳的主播，每天的进步促进我；

我是最幸运的主播，今天销售王就是我。

无论今天的直播间怎样，我相信幸运总是伴着我！

无论今天有多少销量，我相信明天的我会更加优秀。

加油！加油！加油！我是最棒的！

加油！加油！加油！我是最棒的！

加油！加油！加油！我是最棒的！

心态做好充分的调整后，直播就可以进入下一个环节了，如同打仗一样，兵马未动，粮草先行。那么，直播间要做好哪些硬件的"粮草"准备呢？

硬件

搭建好舞台,展示主播和产品

 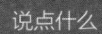

如果我们需要开一家线下实体门店，无外乎需要考虑这几个因素：选择什么样的地段人流量会更大，顾客会更精准，门店的面积性价比更高？墙面和地面材质是否环保或者装修风格是否对路？门头的广告牌是否具有吸引力？经过动线设计后的收银台往哪儿放？用什么进销存软件更省心？设计什么款式的货架能更方便顾客？库房布局如何节省空间？等等。

如今从线下实体门店演变到了直播平台，又需要什么样的硬件设施才能吸引观众、留住粉丝、提升成交、促进销售呢？首先直播平台的硬件相对于线下门店来说，实在是节省太多成本了，是完全可以做到低投入运营的。我建议刚刚入行的新主播不用购买太过奢华的直播道具，一切从简，等到变现成熟以后再更换或增加专业的道具即可，切记不可以一开始就按头部主播的设备去打造直播间，否则一旦投入与产出不成正比，就会开始怀疑直播的形式，有人甚至会直接放弃。这实在是一件让人感到非常遗憾的事。那么，直播的硬件上有哪些要提前考虑的呢？

我也分享

10. 该选择什么样的平台直播？

选择直播平台就像线下开店选择地段一样，不同地段的人流量不同，人群特点也不同。目前，国内直播平台非常多，可以说是"八仙过海，各显神通"。归纳起来，主要有短视频直播、微信直播、电商平台直播和秀场直播这四大主要类型。

短视频直播就是以短视频为前端，通过短视频引流，与直播互相促进、互为补充的综合型直播平台，以抖音、快手为代表。短视频直播平台最大的优势是可以通过创作优质短视频，在自身获得较好的推广效果的同时，吸引无限的公域流量到直播间进行成交和转化。

微信直播主要是指基于微信生态传播的直播平台，以微信小程序直播、腾讯看点直播、视频号直播为代表，其优势是在微信生态里可以自由传播和裂变，不需要观众下载App就能直接观看，不足之处是主要针对私域流量进行传播和裂变，粉丝持续增长和裂变的难度大，公域流量相对缺乏，这种形式相对比较适合私域流量本身运营比较好的，比如先前就在微博、微信公众号、微信个人号和社群等平台拥有较多粉丝的个人或者商家；如果是微信上好友数量比较少，微博、微信公众号上没有什么粉丝基础的伙伴，做私域流量相对来说难度较大，无法引发流量与销量。这种情况就应该去公域流量获客盈利。

电商平台直播主要是成熟的电商卖家在电商平台上开设的直播，以淘宝直播、京东直播为代表。其优势是买卖关系比较直接，进入直播间的人基本都是对产品有需求的目标顾客。不足之处还是公域流量相对缺乏，比较适合本身客源较多而且客源相对稳定的商家；如果是在淘宝或者京东没有客户基础的个人及公司，建议不要采取这种方式浪费时间。目前建立这两个平台的流量与销售需要较长时间和较大成本的投入，没有基础的话，短期做起来会非常难。

秀场直播主要偏向各种才艺、颜值类直播，靠粉丝打赏为主要收入来源，以虎牙、花椒、一直播为代表。本书主要探讨以带货为主的直播，秀场直播不在探讨范围之列。

商家和个人可以结合自身的优势，选择适合自己的直播平台。我的建议是短视频+直播，不论什么情况，首先做好短视频直播，然后根据自身优势、特点、精力，增加其他直播平台。比如，传统电商做得好的，可以加电商平台直播；微信私域流量做得好的，可以加微信直播。这样就能形成一个直播矩阵，打通公域流量和私域流量，形成一套组合拳，使粉丝增长和销售转化更有保障。

11.
直播间该如何设计规划?

直播场地的选择要根据行业特征和商品属性而定,不能一概而论。比如果园想要销售农产品,最好在果园的农产品收割现场进行直播,这样更有真实感和现场感,可以直播采摘过程、种植经过、筛选环节、装箱和运输过程等;如果是服装、化妆品或其他厂家的批发业务,就可以在库房或生产车间直播,展示生产过程、生产工艺、生产规模和库存数量,让粉丝觉得公司有实力和规模,给粉丝信任感;如果是门店零售,可以在店内直播,把门店的销售场景搬到直播间,可以更好地展示商品。当然,也可以在别的地方打造出一个像实体店一样的商品陈列场景,比如在家里或者工作室。

总结起来,直播间的选择应该符合五个要点:

一是要有现场感。比如美食制作现场、服装生产现场、果蔬采摘现场、手工艺品制作现场、养生运动现场、教学示范现场等,环境打造与布局能够给人生动感与带入感。

二是要有足够的空间方便展示商品。镜头里展示出来的空间不能拥挤和压抑,甚至凌乱不堪,至少要让粉丝看到的画面是干净、清爽、整洁的。

三是光线要充足。不能在太黑暗的地方直播，尽管直播时会使用补光灯，但也有可能给粉丝的视觉上带来不好的感受。特别要注意避免逆光直播。

四是隔音效果要好。不要受到太多外界杂音的干扰，比如在生产车间直播，可以隔着玻璃幕墙，尽量减少机器的轰鸣声。

五是个性化装扮直播间。选择好直播场地之后，接下来就要精心布置直播间了。如果在户外直播，相对比较简单，只要把你想要展示的场景展示在直播镜头里，展示前固定好机位，选择好路径，扫清不应出镜的阻碍物就行。

我们重点说说室内直播。室内直播间需要的硬件包括直播手机支架、补光灯、声卡、桌子、椅子、背景布、装饰品、货架、主播台等。背景布最好是纯色的，黑色、白色、灰色是万能色，适合搭配许多产品。背景的选择可以结合产品、品牌或主播个人的风格。如果要突出绿色食品，可以是田园背景、绿色草原、蓝色天空或者橙色为主，既有天然感，又能够增强食欲。如果是销售服装，背景布可以以漂亮、温馨的室内家居图片为主。如果是中式风格，背景布可以选择中式的博古架、复古拱门。背景布（图）配置好以后，可以搭配一些突出风格的装饰品，如花瓶、桌子、水杯、植物等；但装饰品简单、提色即可，不要太鲜艳、太夸张、太复杂，否则容易喧宾夺主，转移粉丝注意力。

12.

主播用的桌子、座椅、展示台有什么小心机吗？如何运用手机支架？

主播一旦开播，就不是一天两天的事情，而是要作为主要工作方式持续播下去的，而且每次直播都应在 1 个小时以上，有的甚至需要 8 个小时。因此，这里讨论的桌子和椅子，并不是从款式、做工的角度而言，而是从主播工作的舒适度和健康的角度来说的。桌椅的高度和角度非常重要，否则产品没有销售出去，自己的腰椎和颈椎却出了问题，那可真是得不偿失。

很多主播下播后感觉身体非常疲倦、腰酸背疼，大多是桌椅的高度不合适造成的。因此，建议主播根据自己的身高选择不同高度的桌椅，最好是可以调节高度和角度的桌椅，尤其应该选择符合人体工程学的有腰部和颈部支撑的椅子，然后调节到主播感到最舒适的角度。服装鞋帽类产品的主播，可能不需要固定的桌椅，而需要一个展示台，方便全面展示服装和鞋子。那么，展示台有什么要求呢？如果展示台太低，将很难展示出产品效果；如果展示台太高，主播上下会非常吃力，而且有安全隐患。因此，一般展示台尺寸在直径 60 厘米左右、高 25 厘米左右比较合适。主播上下展示台会比较轻松，同时又可以很好地展示服装穿着的效果。

手机支架包括环形补光灯自带的手机支架和独立的手机支架，独立的手机支架又分为多机位支架和单机位支架。如果需要户外直播，就需要考虑手机支架的高度和稳定性。建议大家购买一个八机位的、高度可调至180厘米的手机支架，这样，室内室外、单机多机都可以用了。

值得注意的是，如果是主播自己一个人直播，一个人卖货，一定要单独准备一个互动手机支架，尤其是服装类主播。因为你在展示商品的时候离直播手机较远，要看清楚直播间粉丝的留言非常困难，如果一会儿凑近手机看粉丝留言、一会儿又要离开去展示和讲解商品，就显得有些麻烦和不顺畅，因此要单独准备一个比较长的、可弯曲的互动手机支架，把手机调整到离主播头部合适的位置，这样，主播在展示和讲解商品的时候，可以轻松看到直播间粉丝的留言，及时与粉丝互动。

支架要在开播前调好位置，保证主播的画面能展示出个人和产品。

13. 巧用补光灯和调试补光效果

不论是展示主播本身还是展示产品,如果要让观众有很好的视觉效果,光源都将会起到重要作用,很多房间的灯光只能满足基本的照明需要,不能让灯光聚焦到主播和产品上,这会影响商品的展示效果。因此,需要增加补光灯来补充光源。

补光灯一般分为正面补光灯、侧面补光灯和顶面补光灯几种。正面补光灯一般采用可调节亮度和色温的环形灯,18寸大小的补光灯实用性就非常强了。侧面补光灯一般采用摄影棚箱式补光灯,左右各一个。顶面补光灯可以采用100瓦以上的任何光源。当然,如果销售的是普通小商品,直接通过主播手持展示的话,用一个18寸的环形正面补光灯就可以了,如果是直播销售服装,就需要同时用侧面补光灯和顶面补光灯,这样展示的效果会更加立体和全面,更具现场感。当正面、两个侧面和顶面四个方位的光源同时使用的时候,可以消除主播的影子,使整个视频画面更干净清爽。

在调试补光灯的时候,主播位一定要有真人就位,要么是主播本人,要么是主播助理,同时打开直播软件,在手机端看调试效果。环形灯一般都自带手机支架，其位置一般在环形灯的中间或下方，不过，环形灯中间放置手机支架是最佳的，这样的角度更自然。如果是销售服装，则手机位置应该低一些，这样能显得模特的身材高挑。

之后要调试补光灯的高度。不管主播是站着还是坐着，正面补光灯一般应该与主播的头部保持平行，从亮度到色温，以清晰、柔和、不刺激主播的眼睛为标准。然后调试侧光补光灯，侧光灯以人像两边脸颊无阴影，具有立体感为标准。顶面补光灯一般不需要调试，只要光线充足就行了。

更高级别的光源要如何运用呢？

灯光可以制造气氛和营造风格，起到美肤的强大作用，应该怎么布置直播间的灯光，才能打造出朦胧柔和的感觉呢？

灯光的类别

灯光的分类有很多种，光源、光照角度、亮度、色温等不同的组合会产生各不相同的效果和作用。直播间里最常用的灯光，分别是主光、辅助光、轮廓光、顶光和背景光。

主光：映射外貌和形态的主要光线，承担主要照明的任务，可以使主播的脸部受光匀称，是灯光美颜的第一步。

辅助光：辅助主光的灯光是辅助光，用于增加整体立体感，起到突出主播的侧面轮廓的作用。

轮廓光：又称逆光，在主播身后放置，用于勾勒出主播轮廓，起到突出主体的作用。

顶光：顶光是次于主光的光源，从头顶位置照射，给背景和地面增加照明，同时能加强瘦脸效果。

背景光：又称为环境光，主要作为背景照明，使直播间各位置的亮度尽可能统一，起到让室内光线均匀的作用。但需要注意的是，背景光的设置要尽可能简单，切忌喧宾夺主。

灯光的布置方式

了解了灯光的类别之后，接下来我们学习灯光的摆设和照射方向，不同的角度和不同的组合搭配会创造出不同的光影效果。

主光的应用方法：应放置在主播的正面，与摄像头上的镜头光轴形成 0 ~ 15 度的夹角，从这个方向照射出来的光充足均匀，会使主播的脸部柔和，能够起到磨皮美白的效果。但主光的缺点是从正面照射时会没有阴影，使整个画面看上去十分平板，欠缺层次感。

辅助光的应用方法：从主播的左右侧面 90 度照射，在左前方 45 度照射的辅助光可以使主播的面部轮廓产生阴影，打造出立体质感。从右后方 45 度照射的辅助光可以使主播后面一侧的轮廓被打亮，与前侧光产生强烈反差，更有利于打造主播整体造型的立体感和质感。但要注意光比的调节，避免光线太亮使面部出现过度曝光和部分太暗的情况。

　　轮廓光的运用方法：轮廓光应设置在主播身后的位置，形成逆光效果。从背后照射出的光线，不仅可以使主播的轮廓分明，更可以将主播从直播间背景中分离出来，突出主体。使用轮廓光，一定要注意光线亮度调节，光线过亮会造成主播身后产生"佛光普照"的效果，使整个画面主体部分过黑，摄像头入光产生耀光的情况，容易起反作用。如果轮廓光会显示出来，则可以不要。

顶光的运用方法：从主播上方照下来的光线，能够产生浓重的投影感，有利于轮廓造型的塑造，起到瘦脸作用。需要注意的是顶光位置最好不要离主播超过两米。顶光的优点很多，但缺点是容易在眼睛和鼻子下方形成阴影。

背景光的运用方法：将主播的轮廓打造完毕后，直播间会呈现出主播完美的肌肤效果，但直播间背景会显得非常暗淡。这时需要安置背景光，它的作用是均匀室内的光线效果，使主播美肤的同时保留直播间的完美背景。但需要注意，背景光应采取低光亮、多光源的方法来布置。

灯光是直播间里美化的设备，每种灯光都各有优缺点，配合使用可以互相弥补。调光的过程比较漫长，需要耐心调试，才能找到适合自己的灯光效果。

光效的运用

立体轮廓法：对于想要增加轮廓立体度的主播，可以采用斜上光源的方式。斜上光是从主播头顶左右两边45度的斜上方打下的光线，在调试灯光的过程中，主播可以注意眼睛下方出现的一块明亮的三角形光斑，这种布光方法就是非常有名的伦勃朗布光法。可以突出鼻子的立体感，强调主播的脸部骨骼结构。

蝴蝶光瘦脸法：不少主播都希望自己能有娇小的脸庞，可以使用顶光布光法达到这种效果。在主播的头顶偏前的位置布置光源，这种布光方法会让主播的颧骨、嘴角和鼻子等部位阴影拉长，从而拉长脸部轮廓达到瘦脸效果。打光完成后，我们会在主播的鼻子下方看到一个类似于蝴蝶的阴影，但此方法不适用于脸型较长的主播。

采用以上布光方法,直播时主播的肤质会在一定程度上得到提升。调光是个漫长且烦琐的事情,主播们可以尝试着寻找适合自己的光源角度,逐步找到最适合自己的布光方法。

14.

主播的声音可以美化得好听些吗？美颜和滤镜开到多大更好？

大多数主播都没有专业学习过发声技巧，难免发生音质不佳或因为发声方法不当致使嗓音沙哑的现象，就是常备润喉片也无济于事，这时就需要一套声卡来美化主播的声音，减少用嗓疲劳。

然而，市面上的声卡品牌和种类繁多、价格混乱，让很多主播不知道该怎样选择。我根据长期辅导学员的经验，发现一般价位在1000元左右的声卡效果就已经不错了，而且相对耐用。100元至500元左右的声卡不论是音质还是耐用性方面都很一般。当然，这要根据每个主播的实际情况来选择，可以先买一套便宜的练练手，再换一套好一点的，也可以一步到位。

声卡是不需要音箱的，不管是主播的声音还是伴奏，都通过连接线传到声卡，再由声卡传到直播手机里。因此，直播时一般需要三部手机配合。一部手机直播，一部手机放伴奏音乐，一部手机与粉丝互动。

直播中可以混合进去一些音效，比如掌声、尖叫、激情短音乐，起到营造氛围的作用。

直播手机、伴奏手机和互动手机，三机如何联动呢？直播手机就是打开直播功能，镜头对着主播的那部手机，主要功能是传输视频给粉丝。伴奏手机的主要功能是在直播时可以播放一些背景音乐或者特效声音，比如掌声、笑声等。一般声卡上都自带很多特效声音，使用声卡后，伴奏手机的主要功能就是播放背景音乐，这需要提前准备，而且需要精心设计。比如，开场时，需要一些快节奏的喜庆音乐带动氛围，比如《好日子》；讲解产品时需要一些轻音乐，比如抒情的钢琴曲等。在直播过程中如果想给大家展示一下才艺，唱首歌或者跳支舞，则需要提前准备歌曲或舞蹈的伴奏。下载一个播放音乐的 App，搜索想要的音乐，然后设置单曲循环、顺序播放等方式。不过在选择音乐时，不要仅仅根据自己的喜好来选，一定要根据目标客户群体的年龄和喜好来选择。比如目标客户是"60 后""70 后"，你可以选择谭咏麟、刘德华、邓丽君等这些与粉丝同时代歌手的流行音乐，如果目标客户是"80 后""90 后"，可以选择周杰伦、林俊杰、蔡徐坤等歌手的歌曲。

互动手机的主要功能是在直播时查看粉丝的个人主页，或者组织截屏抽奖活动。比如，一个粉丝在直播间比较活跃，你很想了解他的情况，在直播手机上是没有办法打开粉丝的个人主页的，而通过互动手机就可以进入他的主页，了解他的情况，方便更好地互动和沟通。

有些主播为了让自己在镜头里更漂亮和帅气，把美颜和滤镜的效果值调到最大，其实，这并不是最佳选择，这样做往往会给人一种不真实感，而且对商品的展示效果非常不利。那么，究竟该如何调试美颜功能，才能既让主播更好看又不影响商品的清晰度呢？

其实，影响展示商品清晰度的主要是"磨皮"和"滤镜"功能，如果脸上没有明显的瑕疵，比如皱纹、痘痘等，建议大家最好不要开启磨皮功能，即使要开，也最多把磨皮值调到 50 以内。至于大眼、瘦脸这些功能，可以根据自身喜好随意调整。滤镜会严重影响清晰度，就更没有必要了。当然，如果不需要展示商品，仅仅是聊天和用语言讲解，增加一些滤镜和美颜效果是可以的。有些平台没有太强的美颜效果，比如淘宝，是突出产品为主的，画面真实，所以主播甚至没有本人看上去好看，这时需要通过灯光布局达到美颜效果。抖音、快手就不一样了，美颜效果都是很好的，很多主播即使不化妆都能美美的。

15.

主播怎么操作多账号同时直播？主播的联系方式提示牌该怎么设计才能引流？

如果想要把直播带货当作一份事业来做，只有一个账号是不够的。一个账号就代表一家门店，十个账号就代表十家门店，可以多平台、多账号同时进行相同内容的直播，这样既扩大了受众面，又可以降低风险。国家目前对直播行业的管控越来越严格了，有些主播在直播时稍不注意，可能就会触碰一些违禁词或发生违规行为，情节严重的会造成封号。一些大主播，粉丝有几十万甚至上百万，如果被封号了，损失会比较大。而且目前多平台直播也有严格的管理机制，某些平台通过检测了解到主播多平台同时直播会影响流量，主播们如果通过测试发现影响流量的情况，建议分时段直播，以防直播间人气下滑。为了留住粉丝，多账号多平台运营将是未来的一个方向。这就需要准备一个多机位手机支架。主播在直播时，不能只看一部手机，还应该用余光虚视，或者目光在每一部手机上巡视。特别提醒需要购买一个声卡的分频转换器，让声音通过声卡能顺利到达每一个账号的直播间。

除了微信生态里的直播平台外，其他直播平台大多很忌讳把粉丝导流到微信或其他社交平台上（注意：在抖音平台这是禁区），因此，在个人主页或直播间是不能留下联系方式的，尤其不能留微信。一些主播为了给粉丝留微信，会在纸板上写下微信号码展示给粉丝，以达到把粉丝导流到私人微信上进行成交的目的。需要注意的是，数字的颜色要和提示牌形成鲜明对比，不要用同一色系，最好是白底黑（红）字，不要黄底白字，那样粉丝就看不清楚了。字号尽量大一些，自己在互动手机上先看看效果，看能否轻松看清楚，否则就会影响加好友的转化率，因为在互联网上的观众是没什么耐心的，一旦觉得麻烦就有可能会停止加好友的动作。此外，最好有一位助理主播同步加好友，以防粉丝流失。

16.
直播手机的界面如何设计更有吸引力？主播如何设置镜像、反转镜头画面、同城位置？

一般在开播前，手机界面需要进行一些设置，设置好了点击确定，才能正式开播。比如封面、标题、贴纸等。封面和标题一定要有吸引力，要能在第一时间抓住粉丝的眼球，让他们对主播本人和直播的主题瞬间产生兴趣。也可以用主播美照做封面，用"福利大放送""限时秒杀"等内容做主题（注意：抖音直播时不能出现"限时秒杀""福利大放送"字样）。贴纸上可以设置品牌名称，也可以留下活动主题，注意在抖音平台不要留微信和手机号码，以免被平台识别为恶意营销，影响直播间权重。当然，如果是服装带货主播，可以把主播或者模特的身高、体重数据展示出来。这样粉丝就可以通过主播上身的效果来对照自己的身高、体重选择相应号码的服装了。后面会详细介绍如何设置爆款封面。

直播过程中，如果需要向粉丝展示微信或电话号码提示牌，或者商品说明书等其他说明性文字，就需要设置镜像，否则粉丝看到的数字或文字会是反的。当然，如果你展示的内容较多，可以一开始就设置镜像。也可以在需要展示的时候临时设置，展示完再取消设置。

不同的直播平台，设置镜像的按钮稍微有一些差异，不过大同小异，只需要在设置里找到"镜像"字样，按一次就切换一次，再按一次就切换回来了。

类似抖音平台的直播，如果打开同城位置，可以吸引到更多同城粉丝进入直播间。因此，在直播前最好将地域定位打开。如果不是做同城生意的主播建议不开同城位置功能，以吸引更广区域的流量。

主播直播时要准备哪些道具?

进行一次直播蛮辛苦的,主播要记得提前为自己准备好水、食物,补充能量。如果主播需要出镜,且直播时间较长,可以配有助理主播,在主播休息时临时代替主播。直播时如果粉丝不会下单购买,助理主播可以通过镜头操作下单流程来演示给粉丝们看。这里,附上直播间道具采购清单,主播可以根据实际情况购买(见表1)。

表1 直播间道具采购清单

序号	物料	数量
1	柔光灯	3个
2	手机支架	2个
3	插排	5头1个
4	手机充电线	3条
5	笔记本电脑	1台

(续表)

序号	物料	数量
6	充电宝	2个
7	平板电脑	1台
8	大头笔	2支
9	耳机	1副
10	白纸	50张
11	展示购买方法手机	1部
12	直播手机	1部
13	配背景音乐手机	1部
14	背景布	1块
15	奖品实物	若干
16	声卡	1台
17	胸麦	有几位主播配几个

18.

直播时的网络环境如何控制？

网络环境：保证网络稳定，若使用 4G、5G 开播，建议关闭 Wi-Fi，以免自动接入 Wi-Fi，造成网络中断。

手机状态：开播时请关闭其他应用，同时建议开启勿扰模式，防止电话打入影响直播。

对焦和曝光：若出现过度曝光现象，请及时滑动屏幕，调整对焦和曝光点。

后置开播：条件允许的情况下，可以准备两部手机，一部用于后置摄像头直播，一部用来观看粉丝弹幕，观看弹幕的手机需要把声音关掉，避免重复收音造成回声。

突发事件应对：如果直播时遇到卡顿可以强制退出 App 后再打开，2分钟内回到直播计划页即可继续直播。观众听不到声音时切勿在开播途中切到后台，否则观众的直播画面将会出现暂停。如果网络信号突然中断，建议在直播间内唤起菜单栏，切换为 4G 网络保证直播继续进行，不建议退出直播间设置网络，那样观众的直播画面也将暂停。

流程

直播是一场从策划到总结的完善过程

做好硬件准备以后，直播的软件，也就是人的准备就要开始了。10多年来，我在帮品牌设计线下门店销售流程的时候，往往是从顾客进店，导购目光接触顾客开始的。流程包括接待、询问、体验、讨价还价、成交、提高客单价、买单、送客等。直播销售是一个全新的领域，很多基础工作都需要按照互联网思维来准备，因此，我们会从策划一场直播开始，给大家详细分享一下直播带货的整体流程。

我也分享

19.

直播前的策划书如何准备?

直播前要做好活动策划,一场直播开始前,团队应该有一个详细的直播目标与计划,有目标,有分工,有配合,有总结。我们以一家服饰品牌直播策划为例,介绍一下如何进行直播前的策划工作。下面是某服饰品牌的直播策划书。

某服饰 8 月 6 日直播策划书(示范)

一、直播目标

直播目的
1. 扩大品牌影响力,增加精准粉丝量
2. 提升营业额,消化库存量
3. 提升主播直播能力与直播团队协作能力

客户画像
1. 性别:女
2. 年龄:18 ~ 30 岁
3. 生活态度:喜欢中国传统文化、慢生活、禅意的生活方式,对佛学、禅学感兴趣
4. 服饰风格:飘逸、中式复古、简约、纯朴、素雅

直播主题
1. 在中国传统文化中，夏季有哪些雅集活动
2. 茶服文化与茶礼
3. 禅服展示

直播人员
主播：春风妹妹
助播：秋雨姐姐
线上客服：阁妹
换装助理：安雅
灯光、场景、音控：云梦

直播场地
专卖店直播室

直播时间
8月6日晚7:00—12:00

直播目标
1. 新增粉丝600人
2. 新品销售：20000元以上
3. 消化库存：10000元以上

直播商品
夏款新装：荷风系列001—010
库存春装：春享系列005—015

直播目标拆解
1. 直播时长：5小时
2. 观看人数：30000人以上
3. 购买人数：1000人
4. 购买转化率：33%
5. 客单价：200元
6. 直播GMV（成交总额）200000元
7. 总备货量：两款单品，每款不低于100件

二、营销活动

粉丝红包
1. 目的：增加粉丝停留率
2. 玩法：抢100元红包

3. 次数：4 次
4. 奖品 ID：
5. 奖品名称：100 元现金红包
6. 商品数量：
7. 成本：400 元
8. 发奖说明：
9. 协助人员：阁妹

购物券
1. 目的：增加销量
2. 玩法：发 50 元购物券
3. 次数：10 张 / 半小时
4. 奖品 ID：
5. 奖品名称：购物补贴
6. 商品数量：
7. 成本：5000 元
8. 发奖说明：
9. 协助人员：阁妹

秒杀
1. 目的：增强品牌推广度
2. 玩法：每逢整点一次
3. 次数：5 次
4. 奖品 ID：
5. 奖品名称：10 元秒杀
6. 商品数量：
7. 成本：1000 元
8. 发奖说明：
9. 协助人员：阁妹

以下是某汽车品牌直播间脚本规划情况（见表 2），可供参考。

表2 某汽车品牌直播间脚本规划表（示例）

直播主题	A款车专场	播出日期	2021年4月28日	播出时长	1.5小时
直播预算	推流预算： 赠品预算： 红包预算：	直播目标	收集线索10条，涨粉50人，直播人气3000人		
播出时间	16:00—17:30	主播服化道 （服装、化妆、道具）	工作服、化淡妆、矿泉水瓶		
本场卖点	1. 发动机的三大优点：动力足、节能、震动噪声小 2. 功能特性：轿跑型城市SUV 3. 团购会优势、价格亮点与售后服务				
主播	何娟	助理主播、场控		爱莉、何文	
时间安排	主播分享内容提纲	道具	助理主播/场控	备注	
16:00—16:30	1. 主播自我介绍 2. 汽车功能特性介绍、使用场景介绍 3. 发红包、引导点赞关注 4. 福利介绍、互动、答疑解惑	胸麦、云台、拍摄车内饰需要的手持补光灯	发红包、福袋、公屏回复粉丝问题 手持手机	手持云台的助理主播要保证持续直播手机的稳定性，随时跟随主播的指令给产品镜头特写	
16:30—17:00	1. 团购会活动介绍、售后服务介绍、发红包、引导点赞关注、互动、答疑解惑 2. 引导粉丝关注主页活动信息及私信介绍领取到店礼品 3. 引导加入粉丝团及个粉丝团福利	团购会政策KT版	发红包、福袋、公屏回复粉丝问题 手持手机	注意回复粉丝问题或者私信	
17:00—17:30	1. 发动机介绍，通过矿泉水瓶测试方式展示发动机的稳定功能 2. 发红包、引导点赞关注、福利介绍、互动、答疑解惑 3. 预告下一场直播内容、发收场红包、福袋、感谢粉丝的支持，预告下一场直播时间及福利，引导粉丝加入粉丝团及再次邀约到直播间	测试发动机的矿泉水瓶	发红包、福袋、公屏回复粉丝问题 手持手机	注意发红包、福袋，预告下次内容时间福利，感谢粉丝	

20. 如何优化直播的产品结构?

当决定要通过直播的方式来销售产品的时候,我们就已经开启了一扇走进互联网商业的大门。而互联网商业是在虚拟世界完成成交,因此和线下面对面销售有诸多不同。消费者的购买场景不同,消费心理也有差异,在线下实体店好卖的商品在互联网上未必好卖。因此,我们首先需要做的是结合互联网商业的思维和消费者的消费心理变化来设计与优化产品结构。

首先要设计引流产品。互联网时代最难获取的就是消费者的信任。因此要结合主推产品,在前端设计超高性价比的引流产品。相关研究发现,200元以内的商品在互联网上成交的概率非常高。比如,我们卖的是平均单价500元左右的服装,那么,就应该推出199元一件的引流产品,可以是衬衫、裙子,也可以是围巾或者帽子。当然,如果能设计一款99元甚至是39元的衣服、饰品、围巾、包包来作为引流产品就更好了。如果我们销售的是汽车、房子这样的大宗产品,应该设计一些免费赠品,吸引粉丝加入粉丝团并到店领取,增加到店率。

其次要在商品的个性化功能、外观和包装的独特性等方面下功夫。互联网经济也叫眼球经济，一定要能第一时间抓住顾客的眼球，也许是某种独特的功能，也许是独特的外观设计，也许是独特的包装。例如这款29元包邮的网红泡泡机，小朋友、女朋友都超级喜爱。同样的泡泡机，造型独特时尚，顾客甚至可以完全不考虑价格，是不是可以以最快的速度成交呢？如果店里以此款玩具作为引流，顾客体验后效果好，下次还会来店里选择单价更高的产品。

21.

如何链接商品橱窗？如何检查商品链接？

我们在线下实体店销售产品之前，要把产品分门别类地陈列在货架上，好让顾客随意挑选。那么，通过直播的方式销售产品时，顾客应该在哪里挑选，又应该在哪里下单购买呢？这就需要我们在线上有一个载体，可以把商品上传上去，然后把链接挂在直播间。顾客在看你直播讲解的同时，就可以随时在商品链接里下单付款，完成交易。当然，不同的直播平台，链接商品橱窗的方式和路径也不同。下面就几种主要的直播平台链接商品的方式做一个介绍。

如果选择的是微信生态的直播平台，比如腾讯看点直播，你可以开一个微店或者微信小程序商城，或者在京东上开个店铺。把你想要销售的商品上传在商城里，在创建直播间时设置商品链接，直接把商品链接挂在直播间，在直播的时候，屏幕上就会出现购物袋的图标。当然，你也可以把近期要销售的产品在微信朋友圈里发出来，直播时直接让粉丝加微信，在微信上成交。

如果选择的是电商平台直播，比如淘宝直播，也很方便，直接在直播间创建一个链接就可以了。如果是商家直播，可以直接链接自己的淘宝店铺；如果自己没有淘宝店铺，可以申请进行达人直播，去链接别人的淘宝店铺的商品，成交以后可以获得相应佣金。

如果选择的是短视频直播，比如抖音，你首先要在抖音上开通商品橱窗功能，目前开通商品橱窗功能的条件是发布10个以上作品，粉丝在1000人以上，然后实名认证并缴纳500元保证金就可以了。开通后，在主页抖音账号的下方会出现"商品橱窗"字样，这时，你就可以添加想要销售的商品了。如果你是销售自有商品，需要在抖音开一个抖音店铺。直播时只能挂抖音小店里的产品，然后把商品链接到短视频或者直播间就可以了。粉丝在三个地方可以看到商品：一是点击账号主页上的"商品橱窗"；二是在你发布的小视频昵称上方，当然这需要你发布作品时链接一个商品；三是直播间下方会出现一个购物袋标识，点击进去就可以看到链接的全部商品了，你只需要在直播前设置一下链接商品就可以了。

为了让粉丝能顺利下单购买，避免引起不必要的麻烦，在直播前要检查所有的商品链接。

主要需要检查如下几项：

一是核对商品价格是否正确。一定要仔细核对每一件商品的价格，包括小数点都要看仔细。我一个学生曾经在直播的时候，误把199元的商品写成19.9元，结果一场直播下来有几百人下单，他只好硬着头皮发货，否则就会被消费者投诉，受到平台降权等处罚。

二是核对库存数量。数量写少了，顾客下不了单，那就没有意义了，数量写多了到时又无法按时发货，也会失去粉丝的信任。

三是检查是否能正常下单。这就需要主播在开播时亲自测试，开通直播时第一时间用互动手机购买一单试试便知道了。如果无法点击进商城或者无法付款，要及时处理好，再正式开播。

22.
如何设计有吸引力的促销政策？如何陈列商品更能促进销售？

促销是线下实体店经常会用到的销售方法，通过让消费者享受优惠，赢得顾客的回头率和忠诚度。在直播时，这个方法同样适用。因此，建议商家在直播带货的时候，尽可能多设计一些促销活动，比如限时特价、秒杀、团购优惠等。如果能有一些 9.9 元、19.9 元包邮的特价商品，效果会更好。当然，这要结合自身产品整体客单价和商品属性来设计。下面就给大家分享一下四种促销方式的操作方法和注意事项。

限时特价。在规定时间内享受特别优惠，比如仅限今天晚上 12 点前下单享受一折优惠等。做这种活动有一个注意事项——不能忽悠消费者。说什么时候结束活动就一定要什么时候结束，而且短时间内不要低于活动价销售，否则会伤了粉丝的心。

秒杀。顾名思义，就是在极短的时间内购买享受特别优惠价。比如和粉丝聊到周年庆，或者聊到某个粉丝的生日，或者聊到某个让大家很开心的话题的时候，就可以说：倒数 10 个数，10，9，8……在 10 秒内下单可享受史上最低价。当然，这个环节是刻意设计出来的，话题也是可以提前准备的，但优惠力度一定要实实在在让粉丝兴奋才有效。

团购优惠。就是组织一定数量的粉丝一起购买，可以享受特别优惠价。一般三人就可以成团了，这个操作比较简单。

流量福利。也就是请粉丝加入粉丝团，同时直播间点赞突破 1000 或者 10000 后，点亮粉丝灯牌的粉丝有机会低价购买限量 10 份的高品质产品。这种方法不仅能促进销售，让粉丝先低价体验产品，为日后购买高单价产品打下基础，同时也增加了直播间的人气与互动。

当我们准备直播卖货的时候，除了要开通商品橱窗链接以外，直播间也要陈列相应产品样品。这里有两种情况：一种是大型促销和清库存，一种是正常销售。如果是大型促销和清库存，直播间最好安排在库房，或者直播间要陈列出琳琅满目、货物堆积如山的感觉，这样才有大型促销的氛围。如果是正常销售，货品陈列就要简洁、大方，不要太凌乱。比如服装直播间，需要展示的样品最好不要出现在镜头里，由主播或者模特穿好走出来在镜头面前展示，以免转移粉丝的注意力。如果是在店内直播，也尽可能让大家看到货架陈列是简洁整齐的。

23.
团队搭配更有效

带货主播和秀场主播在团队人员的要求方面是不一样的。秀场主播基本自己一个人就可以搞定，而带货主播则需要团队分工配合进行。以服装带货主播为例，标准的配置应该需要一个主播、一个模特、一个客服。主播的主要功能是在镜头前介绍商品，与粉丝互动、回答粉丝提出的各种问题、进行促销等。模特的功能就是根据提前准备的商品展示顺序或主播临时的安排去试穿服装，并按照主播的要求展示。客服的主要功能是做好全面辅助工作，比如调试设备、帮模特试穿服装、帮主播处理一些突发事件、修改商城后台的销售数据、及时上架和下架商品等。

当然，如果不需要模特展示商品，只需要一个主播和一个客服就可以进行直播带货了。有些主播由于找不到合适的模特，身兼两职，边播边试穿，不过这对主播的临场应变和对商品的熟悉程度要求很高，对自己应变能力足够自信或者对商品足够熟悉的主播可以尝试这样做。

我们为主播们整理了"短视频及直播间分工表（见表3）"。

看完之后，是不是觉得人员是豪配，哪有那么多专业的人员？如果这些条件都具备，公司连数据化营销事业部都能成立了。没关系，小老板们不必担心，至少直播间能有三个人的标配：主播、拍摄制作、直播间运营兼助理主播。大家快根据自己的实际情况来建设直播团队吧。

表3　短视频及直播间分工表

角色	作用	要求
主播	介绍产品 粉丝互动 带节奏 介绍活动 促进销售 预告下次内容	1. 心态积极，抗压能力要强 2. 人设风格与销售的产品对应（比如童装就一定是可爱型或者温暖妈妈型） 3. 表达流畅、有感染力 4. 吃苦耐劳、有耐心、身体好很重要，有时候一场直播坚持6小时，真的是体力活
助理主播	协助主播 公屏回复粉丝问题 手持直播手机随主播走动 主播休息中途直播	1. 心态积极，灵活性要强 2. 有服务意识，具有处理危机与冲突的能力 3. 和主播一样吃苦耐劳，身体好
助理	直播间琐事 递东西 递道具	不只是打杂的小助理，需要配合团队准备好道具、递拿物品、布置直播间、买好盒饭，让每个角色都无后顾之忧，所以得有服务意识、执行力
直播运营	产品组合 直播脚本 策划统筹	一定要是数据控，能对产品有深刻的了解，同时通过第三方平台的数据分析，选择出最佳产品组合。写起脚本来特别生活化、口语化、接地气
中控运营	后台操作 改价 优惠券 红包 福袋	细心、严谨，千万别出错，价一错，亏本可惨了
内容运营	短视频定位 制作 脚本设计 拍摄剪辑	文字控，有创意，生活中就是有趣有料的人，能写能拍能编导
数据运营	采集数据 分析数据 优化数据 商业投放	绝对的数据控与有付费投流的实战经验，能通过第三方平台对直播间数据进行分析，确定投放金额、时间，上线产品、赠品时间、如何发放红包与福袋

24.

如何做好整场直播的时间节点规划？

一场直播就像是一场演出，必须提前做好节目规划。比如整场演出一共有多少个节目，每个节目的时间长度是多少，如何开场，如何结尾；这场直播要吸粉、要锁粉、要促进销售，还要带节奏，不仅要达成本次直播的销售目标，还要让粉丝参与下次直播活动。我们看看一场高效能的直播有哪些步骤（见表4）。

表4 直播步骤表

步骤	语言结构	话术	作用
主播自我介绍	1. 我是谁 2. 我要干什么 3. 我做的事对粉丝有什么好处 4. 我要求粉丝怎么做 5. 我通常什么时候开播	1. 哈喽，宝宝们，我是拥有二宝的宝妈主播颖宝 2. 今天直播间为宝妈们分享"艾无忧"无添加、天然防蚊液 3. 宝妈们拥有了它，真的可以一个夏天安枕无忧。宝宝脚上、脸上、身上看不到那些烦人的蚊子包啦 4. 进直播间的宝宝们点亮你们的小红星，点亮10000，主播送出试用装10份 5. 颖宝通常是晚上 8:00 开播，记得每天这个点颖宝与你们相伴	鲜明的主题粉丝的价值

（续表）

步骤	语言结构	话术	作用
设置悬念 抛出话题	1. 我为什么选择这款产品 2. 为什么是某位明星代言 3. 为什么用了都说好	你知道拥有二宝经验的我为什么要选择这款防蚊液吗	吸引互动 提升流量
上款	产品名称和作用	来看这款45毫升的"艾无忧"防蚊液，为什么会有超过8000万家庭选择它	记住品牌名称
产品 特色介绍	1. 产品特点 2. 产品优点 3. 粉丝利益 4. 使用场景	1. 它的核心成分是天然艾草精华提炼 2. 加热后能有效防止40平方米空间的蚊虫侵扰 3. 持续防蚊时间长达12小时 4. 让你可以美美地睡上一觉 5. 最重要的是无色无异味，特别适合过敏体质的人，或者对味道敏感的人。它会发出淡淡的艾草香，天然，纯正。宝妈们安心给宝宝用，该产品的材质达到了食品级 6. 像宝妈们带宝贝外出游玩，只需要喷些在衣服上或者直接抹在宝贝的皮肤上就可以有效防蚊，使用很方便	先说价值再说价格，提升产品的专业性、可靠性与粉丝的黏性，促进最终销售
产品 异议回复	解答粉丝异议或举例说明	1. 有宝妈问这种味道小朋友会不会不喜欢？嗯嗯，这个问题很简单，我们有试用装。宝妈只需要花9.9元就可以选择一个包邮的试用装小瓶。如果宝贝不喜欢这个味道，大人也是可以用这款产品的 2. 上一场直播有130位宝妈领取了试用装，根据她们的反馈，不喜欢这款产品味道的宝宝只有3位呢。宝妈可以试下	真实、不浮夸，时时懂得建立粉丝信任感
号召 购买行动	让粉丝下单	来，喜欢这款产品的宝妈们，请扣1，我看看今天直播间有多少宝妈下单。这款产品的零售价是39.9元。如果有超过50位宝妈下单，我们直播间买一送一。哇，真的超级划算，两瓶可以用一个月了呢。如果宝妈们下单3瓶，一个夏天都够了，我们还额外赠送户外冰丝防护手套，防止宝妈们夏天晒黑。来，宝妈们把1扣起来	通过设计的促销政策，带动宝妈们下单

（续表）

步骤	语言结构	话术	作用
再次上款	循环上面步骤		通常介绍每款产品所用时间要控制，如果一场直播两小时，有10款产品要介绍，每款的介绍时间要控制在10分钟内
结束直播	感谢粉丝、预告时间	感谢宝宝们来到我的直播间，感恩你们对颖宝的信任。每天晚上8:00，颖宝准时与你相见。请关注颖宝为你严选宝妈好物。再会啦	再次强调时间

我再以一场时长为3小时的服装带货直播为例，给大家分享一下时间节点的规划（见表5、表6）。

表5 直播流程安排表（简版）

时间节点	重点	内容
前30分钟	节目预告和互动时间	氛围积极、热情，可以提互动小问题
中间2小时	集中火力卖货时间	一般情况是6分钟介绍一款服装，一共展示20款服装。这20款服装的顺序要根据价格高低穿插展示，即介绍一款价格高的，接着介绍一款价格低的。如果今天你只想销售10款服装，那就展示完一遍之后，再展示第二遍，爆款服装可以反复展示。直播间的粉丝来来去去，后进来的粉丝很可能看不到前面的讲解，因此重复讲解一遍产品是非常有必要的
后30分钟	收尾时间	直播结束时，记得问候粉丝、礼貌道别，并预告下次直播时间

表6 直播流程安排表（详版）

（"安然服饰"主播水灵的直播流程表）

直播间飘屏文案：安然服饰水灵直播间（首次关注主播领取10元无门槛优惠券），每5分钟飘屏一次							
直播时间：16:00—18:00							
直播主题：水灵姐教你夏装巧搭配							

时间段	主播	内容	目的	商品介绍	时段销售指标（元）	时段在线人数（人）	备注
15:50—15:55	水灵	预告今天主要讲解的内容及优惠活动	热场	全部	0	0	
15:55—16:05	水灵	无门槛当天使用券抽取两名	活跃气氛	无	0	100	
16:05—16:20	水灵及助理	讲解夏装搭配方法	引入产品	货号0528 货号0529 货号0530 货号0531 货号0532 货号0533	0	200	
16:20—16:50	水灵及助理	介绍5款单品，每款6分钟	讲解产品	上述产品	20000	400	
16:50—17:00	水灵及助理	直播间奖品抽取并引导转发	裂变	无		600	
17:00—17:15	水灵及助理	搭配饰品方法	引入产品	项链002 手链003 提包002	0	800	
17:15—17:45	水灵及助理	介绍搭配夏装饰品	引入产品	上述产品	6000	1000	
17:45—18:00	水灵	预告下次直播间主题				1000	
休息							

25.

主播要怎么穿着才正确？

现在的粉丝耐心有限，有时看不到3秒就会滑走。所以主播的打扮要让粉丝眼前一亮。主播的着装主要有两个原则：一是要和所销售产品的风格和调性相匹配，二是要方便展示商品。

和产品销售风格匹配非常好理解，比如销售的是中式家具、旗袍、茶叶、古琴等带有中国传统文化特色的产品，主播就应该穿中式服装；如果是销售农产品，就应该穿着朴实、简约并带有田园风格的服装，这样显得真实、应景、和谐。在我们培训的学员中，不乏有用心将自己打扮得让人眼前一亮的主播。我们设计了一张"主播服装及化妆特色表"供参考（见表7）。

对于方便展示商品这一原则来说，主要是指销售场景是否会因为着装影响展示商品的效率和安全性。比如服装销售，如果没有专门的展示模特，需要主播自己不断更换款式来给粉丝展示，就要考虑穿好打底衣服，方便快速换装又不会走光。如果需要主播走动介绍商品，比如在厂房、库房或者户外，就要考虑穿着轻便、不累赘，不要穿太高的高跟鞋等。

记住，你的服装代表着品牌的调性和你的个人风格。所以，如果能突

表7 主播服装及化妆特色表

主播类型	服装特色	化妆特色
服装类	自家直播服装	化妆风格与服装风格匹配
汽车/地产类	自家品牌职业装 可以带上工牌	自然妆，清新靓丽
才艺类	舞蹈服装 唱歌类主播服装与歌曲风格对应	化妆风格与歌曲或者舞蹈风格对应 如果是教学舞蹈，最好是练功服，方便粉丝看清动作要领
美食类	喜庆的、红色系、金黄色系为主，能促进食欲	美食主播们可以夸张和可爱一些，比如销售小龙虾，可以头上配上一只小龙虾的夸张发夹
知识类	知性、幽雅、有专业感，如果是科技类主播可以穿一件清新自然的T恤	淡妆
情感类	知性，也可以生活化	淡妆
生活用品类	自然清新、干净整洁、不烦琐、简单自然	淡妆
化妆品类	时尚、潮流、配合化妆品特色	直播前可素颜，一边化一边播，越播越美
珠宝饰品类	一般这类主播不出镜，镜头是对准珠宝或者饰品的。如果出镜，要配合珠宝类别。比如玉器类穿中式服装、淡色，突出绿色翡翠；水晶类，穿着灵性，突出神秘的能量感；时尚饰品，化妆可以浓一些，主播半身服装色彩以单一色为主，突出饰品风格	珠宝饰品类主播真人出镜，一定是美美的，要特别注意指甲要做美甲。长长的华丽的美甲，可以让珠宝饰品更美，选择主播时最好选择手又白手指又长的

出特色就是非常不错的选择。比如蜗牛爸爸每次直播都会戴上蜗牛帽子，两只大大的蜗牛眼睛非常传神、可爱。这种装扮很能吸引粉丝眼球，长此以往，这就形成了他独特的个人IP特色，粉丝们一见到他，就会感觉很亲切。说不定，哪天你在路边遇到一只蜗牛，也能想到蜗牛爸爸，还能饶有兴趣地给身边的朋友分享这位主播的直播呢。

26.

主播怎样给自己化个美美的妆?

大多数直播平台的美颜效果都比较好,让主播省去了专业化妆的要求。当然,如果是销售服装、首饰的女主播,还是可以化上美美的妆的,特别要注意的是,如果涂上艳丽一点的指甲油,最好做个美甲,展示产品时会更有美感。男主播要注意一下发型,保持面部整洁,最好刮刮胡子,展示自己精神的样子,给人以值得信任的感觉。

销售服装或者化妆品的主播,对妆容的要求要更高一些。相信大家对化妆并不陌生,我们这里给大家介绍一些简单实用的化妆方法与流程。主播们日常可以运用起来,让自己更靓丽地出现在直播间内。

主播一般化妆步骤

妆前水、乳→遮瑕(防晒,户外主播非常有必要,特别是夏天)→粉底液→定妆→画眉毛→眼部打底→眼影→眼线→夹睫毛→睫毛膏→修容→腮红→唇部打底→唇线笔→涂口红。

主播的妆容要结合品牌的调性

乡村田园服装风格 —— 清新淡妆。

时尚潮流服装风格 —— 日韩装。

中式旗袍服装风格 —— 端庄优雅装。

汉服唐装风格 —— 复古朝代装。

如果是有特殊要求的妆容，最好请专业的化妆师来给主播上妆。

男主播也可以做打底，涂上乳霜，轻涂一层粉，尤其是服装或者美妆男主播。如果男主播要开美颜效果，记得刮胡子。

27.

主播如何保护好自己的嗓子?

带货主播一旦开播,基本单次直播时长都在 1 小时以上,甚至 3～5 个小时都是普遍现象,而且是每天连续直播,所以对主播的体力尤其是嗓子的保护就显得非常重要。除了要掌握一些用嗓技巧外,比如要用丹田之气说话、不要长时间低头说话、最好用腹式呼吸发音等,还需要提前做一些保护嗓子的准备,比如润喉片、润喉茶等。润喉茶可以准备胖大海、菊花等。记住,就像歌手一样,嗓子是主播挣钱的工具,一定要从一开始就做好保护,千万不要等到声音嘶哑或者咽喉发炎了才重视,那就为时已晚了,不但会影响工作,还会影响生活和心情。

那么,如何用腹式呼吸发音呢?

一般人的呼吸多用胸腔,呼吸时会看到胸腔的起伏。如果有机会观察婴儿呼吸的样子,会发现,婴儿呼吸多是腹部起伏,这就是腹式呼吸法。婴儿的哭声很洪亮,因为腹式呼吸能将气压得更沉,因此能够吸到更多的气,身体也有更盈余的空间发出共鸣。

要练习腹式呼吸其实很简单。一是习惯使用腹部来呼吸,二是练习将气留在身体里。这样说起来好像很笼统,其实有个很简单的方法可以依循练习。首先,每次开播前,花约 3～5 分钟时间做呼吸运动;吸气时,把气吸到腹部,并明显看到腹部起伏。之后,尝试将气吸入腹部,闭住气约 10 秒,再开始慢慢吐气,并练习花较长时间将气吐完。也可以在最后剩下一点气的状况下,用力把气一口吐出去。同时练习两种运气方式。通过长期练习,说话就习惯运用腹式呼吸了,且运气也更稳。在练习时,除了身体一定要放松外,可以试着一手压住腹部,以确保丹田用力程度。

28.
开播前主播如何让自己"嗨"起来？

主播带货和实体店销售一样，都是导购的状态决定销量。因此，要想有好的带货业绩，主播的状态非常重要，要自信，充满热情，甚至在介绍产品时要兴奋起来，用热情去感染粉丝。但有的主播是慢热型的，刚开播时没有状态，然后慢慢进入状态，有的主播甚至一直很难进入亢奋状态。这就需要自己调节了，比如线下门店为了调动导购的激情，早上开晨会时会喊喊口号、跳一曲火热的舞蹈、唱一首激情的歌曲，这些都是不错的调动情绪方法。那么，主播该如何在直播前调节自己的情绪呢？

其实，线下门店的唱歌、跳舞、喊口号的方法依然可以用，不过，通过大量的实践我们发现，最简单有效的方法就是准备好开场白，开播前3分钟对着镜子大声快速说三遍。

这个练习的关键点有四个：一是要提高音量；二是面带微笑；三是要坐着说，有些人是站着说完后，一旦坐下状态就没有了；四是要加快语速。

很多主播通过这个练习方法，能够迅速进入状态。

例如，我们可以对着镜子微笑，嘴角上翘45度，做到眼笑、心笑、嘴笑。大声对着镜子里的自己说三遍:"宝宝们好,我是艾美多服饰店的花花姐。我又来了,你们想我了吗?今天花花姐会为大家带来什么好产品呢?在我开始介绍产品之前,宝宝们再来熟悉一下我们的口号是——'服饰找花花,心情美美哒,每天穿漂亮,好运常相伴',我们一起说三遍好吗?"

这里给主播们分享一个可以迅速"嗨"起来的方法,用过此方法的学员都说好。找个安静的地方,闭上眼睛,最好戴上眼罩,头脑里想象自己是交响乐队的指挥。手拿指挥棒,如果条件允许,可以拿筷子。所有乐队成员,包括大提琴手、小提琴手、长笛手、小号手等都听从你的指挥。台下观众对你报以热烈的掌声,用崇拜的眼神望着你。之后头脑中播放《拉德斯基进行曲》,配合音乐节奏,用力挥动双手,动作要大、要用力,身体随着情绪和音乐节奏晃动。连续做两次之后,你会发现自己已经"嗨"了起来。

29. 如何创造一条千万流量的直播间预告？

有的主播认为直播只要直接开播不就行了吗？封面和标题、主题真的有那么重要吗？为什么还要发预告呢？其实，预告的封面图和标题好坏非常重要，甚至会直接决定有没有人愿意进直播间观看。

直播间预告的作用表现在四个方面

第一，清晰地预告内容，可以让粉丝了解到主播的直播主题，同时也便于平台运营找到好的直播内容，进行主题包装推广，比如可以获得某些平台的直播广场浮优权。

第二，直播间预告中分享带货产品后，当你开播时，平台可以更好地利用大数据能力对你的直播内容进行用户分配，让你获得更好、更精准的用户流量。

第三，预热推广。有很多粉丝没有那么多时间来看直播，所以一定要让粉丝看到直播预告视频，要让粉丝知道，在你的直播间里可以领优惠券，直播当天付款，可以享受优惠。预告视频提前两天发，可以累积一批流量。开播前发预告要将粉丝群好好利用起来，把直播的预告与活动优惠的价格用图片形式展示出来。记住，预热的产品不要超过三款，让粉丝知道现在来买与以后来买的差别。可以每隔1小时在粉丝群里发一遍，也可以利用微博、微信等站外渠道宣传。我们可以根据开播时短时间内进直播间的粉丝数量来衡量预热方式是否成功。

第四，直播间的封面。封面就像是实体店的横幅广告和橱窗，让粉丝第一眼就能知道你今天是什么主题、有什么促销活动等，可以增加粉丝的进店率和留存率。因此，最好把本场直播的主题、优惠活动和优惠政策打在封面上。

预告视频或封面的发布有哪些规范

当然，不同的直播平台的直播间封面可以写的字数和格式不一样，主播要根据不同直播平台的具体情况来设计。如果直播平台可以插入图片，记得把美丽的或者有特色的主播形象照放上去，也可以同时配上产品图，这样就更吸引人了。

特别要注意的是，封面不要有违规内容。以下为大家总结的是在所有平台都要注意的内容。每个平台同时还有个性化要求，大家上平台前要先了解平台规则。

图片封面如何设计

（1）千万不要有水印，特别是其他平台的水印，否则很难上平台的首页推荐，同时会给粉丝一种不专业的印象，严重的还有可能被某些平台限流、封号。

（2）画面保持整洁不凌乱，不要放无实际意义的图文。

（3）文字内不要出现违反《广告法》的词汇，比如"全网最低、全网最优"等。

（4）发布预告的时间不要都集中在晚上，你是想在非黄金时间霸屏呢，还是想在黄金时间和几千个大主播竞争呢？发布预告最好利用非黄金时间进行。

如果预告是视频格式，其内容如何打造和需要注意哪些问题

（1）预告视频内容建议制作为加速版，可以是加速版的化妆小视频、加速版的室内换衣视频、加速版的室外活动视频，在这种风格基础上，加上主播在内容上的创意设计。

（2）按平台要求的尺寸进行图片制作。

（3）不能出现拼接图、有黑边的边框图。

（4）画面要完整，主题要突出。

（5）不花哨，不能有无效图像。

（6）使用其他图片时需要注意版权问题。这里给主播们推荐"图怪兽"网站，该网站的图片全部解决了版权问题，封面设计"傻瓜"化，非常易用，让你一秒变制图大神。

（7）美妆类主播要注意，封面图一定要用主播本人的照片，不能仅以商品作为封面图。

（8）美妆类主播封面图可以用护肤前后或者化妆前后的对比照。

（9）直播标题与所设计的妆容内容保持一致性。比如，标题内容是汉代美人服，那直播的标题、内容图片以及直播内容就要保持一致，均为汉服呈现，不要突然变成了时装销售。又比如，标题是"手把手教你玩转韩妆"，封面图就必须是主播化上韩妆后的照片。再比如，美食类的直播，图片上放的是火锅图，那在直播时一定要以火锅为主，同时这张图片也要是主播家的火锅，切不可抄袭别人家的美食图片，否则版权问题会引发官司和投诉。

爆款的文字标题如何写

好的标题一句话就能点出直播内容的亮点，目的是让粉丝在众多直播中对你的内容第一时间产生兴趣，渴望进来看看。要吸引人，但也不能做无效标题党，杜绝无病呻吟或者口水话。字数一般要控制在 12 ~ 15 字（不同平台的规定不同），比如，"回头率百分百，只因选服装做对了这 6 件事""一招学会 3 分钟化妆术，进直播间一学就会"。

标题的正确书写方式有哪些

（1）符合平台要求，某些平台要求不能放折扣信息，比如秒杀、折扣、#符号等。

（2）切中粉丝生活中常见的情景，比如"夏天不做腋下有味儿的女人，化解尴尬的香水来了"。

（3）有共鸣，让粉丝觉得你说的内容与他有关，比如"晚上失眠数羊无效，试试这款茶"。

（4）文字精练，惜字如金。

（5）把粉丝的痛点说出来，比如"不会说话高薪职位远离你，学会这几句，面试成功率提高 80%"。

（6）标题要实事求是，比如主播是微胖型，就不要出现"瘦女生如何穿出性感来"的字样，标题可以说"微胖女生，穿出显瘦的性感"。

（7）抓住人们"害怕错过什么"的心理。很多人沉迷于长期在线和刷朋友圈，因为他们是"社交控"，或者害怕错过什么。抓住人们这种担心失去什么，或者希望拥有什么的心理，可以引导粉丝点击。比如"错过今晚的蓬蓬裙限量版，青春就会差点什么""人一生最不应该做的 30 件事情""人的一生最该去的 6 个地方""千万别错过这 6 款明星同类单品"。

30. 主播如何选择背景音乐呢？

开场音乐的重要性体现在它不但可以带动主播的情绪，还可以感染粉丝的情绪。如果是纯带货直播，一般要选择快节奏的音乐，最好是 disco 版。如果直播是传播知识和文化，顺带销售产品，就要选择和产品调性一致的音乐了。比如，卖茶叶的主播，可以放一些具有禅意的古筝曲和轻音乐，甚至可以将其作为背景音乐直到直播结束。不过，使用背景音乐时，一定要控制好音量，如果用了声卡，主播可以通过耳机听一下效果，也可以征求一下粉丝的意见，问大家是否听得清楚你的语音，从而及时调整音量大小。这里，我给大家整理了一些背景音乐，各位主播可以参考使用，也可以自己发现好的背景音乐（见表8）。

各位主播也可以日常养成收藏音乐的习惯。

如果配有声卡，可以配合直播的内容选择音效，比如掌声、笑声、尖叫声。介绍产品时要注意可以不选择背景音乐，以防出现粉丝听不清介绍的情况。

表8　背景音乐参考

销售产品品类	音乐类型	参考音乐
服饰、鞋帽、箱包	快节奏时尚类	BCD studio 系列音乐
茶叶、养生、中式家具	中式轻音乐、古筝曲	《云水禅心》
玩具、童装	儿歌、轻松快节奏	Neon、Icecream
地产	有震撼力	R2、U22
汽车	科技感	Gangsta Rap
轻奢品服饰	走秀音乐	Cool Dude
食品类	欢乐轻松	Summer's End

31.

主播直播前如何编写出直播的脚本？

直播前要先把直播脚本写好。那么如何写出有带货价值的直播脚本呢？可以参考如下方法。

直播目标：每场直播都要事先制定数据目标——观看量、点赞率、转化卖货率、成交量等。

直播时间：主播一旦定好直播时间，要严格养成习惯，固定好的时间就不要轻易改变，准时开播，准时下播，让粉丝持续关注，不恋播，同时产生新鲜感。

直播主题：定好本场直播的主题，在大方向下进行直播，不要东扯西聊，不要跑偏主题。

直播人员：人员分工明确，主播负责引导粉丝，介绍产品功能、价格、卖点等；主播助理和运营负责互动，回复粉丝问题，发放优惠信息；后台客服负责修改价格、转化订单等等。

直播流程：流程详细到分钟，比如开场3分钟主播打招呼，接下来30分钟，每5分钟介绍一款产品，一共6款，最后10分钟互动游戏与促销产品，和粉丝道别。尽量严格按照时间流程表来进行。

优惠信息：提示主播相关卖法和活动规划，引导粉丝消费。

梳理卖点：事前帮助主播梳理出产品卖点，让主播能熟悉掌握，并现场操作示范。

创新尝鲜：直播间脚本不是固定的，每次都要有变化，每周要更换一次玩法，增加粉丝的新鲜感。

我们为大量的汽车类账号设计过直播脚本。主播们可以在表 9 的基础上结合产品，加入自己产品的特色与卖点，以及用户的体验场景。

表 9　汽车主播户外直播策划表

直播主题		直播时间		直播地点	
直播时长		主播 / 助理		驾驶员	
直播流程	1. 开场 15 分钟主播自我介绍 2. 介绍路况，出行目的（例：走山路看车是否平稳，户外春游时候后备箱能装） 3. 介绍途中遇到的状况，乘坐的感受 4. 优劣势分析，好在哪里，不足在哪里（让粉丝有更真实的感受）					
直播道具	1. 直播云台　　2. 直播手机 1 部，互动手机 1 部　　3. 便捷灯光　　4. 胸麦				
前期工作	1. 确定好直播地点 2. 踩点 3. 分析路况 4. 模拟直播 5. 分析路况和乘坐感受 6. 分析优劣势 7. 记录整个户外直播时长 8. 整理粉丝会问的问题（方便直播的时候能够应对粉丝的提问） 9. 准备福利，红包预计发多少个，多少钱				
直播话术	开播前 15 分钟 [例：大家好我是今天的主播美美，非常开心和大家在直播间相遇，我来自……（准备 15 分钟的内容）]				
	路况介绍 [例：今天我们是到 ××，这条路山路比较多……（根据具体路况编写）]				
	乘坐体验和突发情况分享				
	优劣势分析				
	本场直播回顾加预热下一场直播内容				

32. 主播如何设计有效的开场白？

开场白主要的功能是预告主题，让粉丝了解你和你的公司，以及本场直播的安排。具体包括四项内容：一是自我介绍，二是公司和品牌介绍，三是本场直播的主题和安排介绍，四是本场直播给粉丝的优惠信息、福利。

比如，"哈喽，宝宝们，我是唯美服饰品牌的创始人张小美。唯美品牌是针对18～32岁女性的淑女装品牌，咱们品牌有8年历史了，深受时尚女性的喜爱。今天主要给大家分享8款新品夏装，今天的直播会有3次抽奖活动和两次99元包邮秒杀机会，还为各位宝宝准备了丰富的奖品。宝宝们在直播间要留到最后啊，积极参与，好礼不断哟"。

直播的开场白和会销的开场白是不一样的，会销是准顾客到场人数差不多了才开始，开场白说一次就可以进入产品销售了，直播间是陆陆续续进人，如果一上场就销售产品的话，不但粉丝人数少，后进来的粉丝也会感到一头雾水。因此，开场白只说一次是不够的，如果是一场3小时的带货直播，前30分钟都应该反复做开场白介绍，然后才开始销售产品。甚至直播到中间，如果有比较多新粉丝入场，开场白还得重复几次，才能起到留客的作用。

我们为主播整理了一些欢迎话术。

主播刚开播时，会陆续有人进入直播间，如果只是采用简单的欢迎语"欢迎××进入直播间"，会显得过于机械化，我们可以尝试一下创新与符合个人 IP 风格的欢迎语。

例如：

1.欢迎××（粉丝名字）进入直播间，点关注，不迷路，一言不合刷礼物！么么哒！

2.欢迎宝宝们来到我的直播间，主播是新人，希望朋友们多多支持，多多捧场哦！

3.欢迎各位帅哥美女来到我的直播间，进直播间的是美女，还是帅哥呢？刷刷弹幕让我看到你们哦！

4.欢迎各位小伙伴来到我的直播间，主播人美歌甜性格好，关注就像捡到宝，小伙伴们走过路过不要错过，喜欢的宝宝在哪里？

话术原则是让粉丝知道，你知道他们进入了你的直播间，你在关注他，让粉丝有被尊重、被重视和参与的感觉。

主播们可以加一些表达心情的情绪词，例如"哦""啦""呀""我的天啊"等，多使用语气词更能让粉丝有亲切感和代入感。

33.

主播如何调动粉丝的兴趣?

由于直播的时候,粉丝是陆续进入直播间的,因此,从开播那一刻起,就要不断欢迎新进入直播间的粉丝。如何通过欢迎粉丝来增强直播间的粉丝留存率与成交率呢?

有两个重点必须把握。

一是要念出粉丝的名字。粉丝听到主播念出他的名字,会感觉自己受到了尊重,会有一种想要了解主播的心理,想看看这个人是谁,能给他带来什么价值,相应也就增加了粉丝在直播间的停留时间。主播可以说:"欢迎'重庆三姐'进入直播间,'重庆三姐'你好,你是第一次来主播的直播间吗?你是重庆人吧,小美的直播间是分享时尚女装的,欢迎'重庆三姐'选购。"

二是要及时播报本场直播的主题和给粉丝的福利。如果粉丝进入直播间了,你迟迟不说今天的主题和他能得到什么好处、与他有什么关系等,那么粉丝离开直播间的可能性就很大了。现在的人时间都很紧张,也都没有什么耐心,有人把互联网经济叫 3 秒经济,就是说,不管是文字、图片还是视频,如果在 3 秒钟之内抓不住用户眼球,用户就会离开。因此,欢迎粉丝时一定要尽快说出主题和粉丝能得到的好处。比如，"欢迎'蓝色天空'来到我的直播间，今天如玉姐分享的主题是 5 款夏装新品，其间会有 3 次抽奖和两次 99 元包邮的秒杀活动，欢迎参与"。

进入直播间的粉丝，主要会对这几个因素感兴趣。

一是主播本人，觉得主播特别有意思。也许是你的表达方式，也许是你的容貌和声音，或者是你的个人魅力与风格吸引了粉丝。当然，你没有办法改变自己让所有人喜欢，唯一可以做的就是坚持本色演出，展现最有特色的一面，喜欢你的人自然会留下，直播间粉丝来来去去，非常正常，做好你该做的就行。

二是产品，粉丝正好需要你今天直播的产品或你的直播引起了粉丝对直播产品的兴趣。

三是优惠活动。直播的优惠活动往往能打动粉丝，所以，要尽可能在粉丝进入直播间的第一时间让他了解产品和今天的福利活动。

主播们要学会让粉丝随时在直播间公屏里和主播互动，互动越多，平台推送的流量就越多，粉丝的互动调动起来了，兴趣自然就提起来了。

下面是为大家整理的让粉丝互动起来的话术内容。

1. 想知道主播年龄的请扣 1。

2. 想了解这款有多少色彩的请扣 1。

3. 其他主播不会告诉你，为什么这款面膜使用完以后，面部会有光滑的感觉。想知道秘密的粉丝们请扣 1。

4. 来，让主播看看今天的直播间帅哥美女分别有多少，帅哥请扣 1，美女请扣 2。

5. 主播想知道各位粉丝想了解这款产品的哪些方面，请把你们的兴趣点扣在公屏上。

总之，主播们要记住，所谓的兴趣就是不仅要说让粉丝们感兴趣的话，还要让粉丝们伴随着兴趣有参与互动感。

直播间里也要擅长运用氛围话术，主播们可参考以下话术，要练熟。

1. 欢迎大家来到我的直播间，没给主播点关注的记得点关注。
2. 天若有情天亦老，给个红心好不好。
3. 山外青山楼外楼，我的粉丝就是牛。
4. 自古多情空余恨，多谢大家来帮衬。
5. 有钱的捧个钱场，没钱的捧个人场，最重要的是我刚刚开场，你不关注我怎么会有下一场。
6. 欢迎大家来到我的直播间，缘分开启在今天。
7. 不管礼物有没有，祝你幸福到永久。
8. 要想抖音不迷路，主播带你上高速。
9. 人间自有真情在，点点红心都是爱。
10. 天若有情天亦老，关注一下好不好。
11. 长江后浪推前浪，小辈无名初闯荡。
12. 感谢来到我的直播间，今天的话题很新鲜。
13. 每日分享纯干货，绝对不要再错过。
14. 万里长城永不倒，点个关注好不好。
15. 感谢小姐姐的关注，小姐姐人美话不多，美得没话说。
16. 感谢小哥哥送的小心心，小哥哥帅气又年轻。
17. 关注主播不迷路，带你变美又变富。
18. 茫茫人海遇见你，点个关注最爱你。
19. 今日分享全干货，六六扣起别错过。
20. 红心走一走，爱你到永久。

21. 关注点一点,爱你到永远。

22. 点关注,不迷路,开启缘分第一步。

23. 礼物走一走,活到九十九。

24. 榜上关一关,活到一百三。

25. 要想抖音玩得欢,关注榜一到榜三。

26. 要想抖音玩得溜,关注榜四到榜六。

27. 要想抖音玩得久,关注榜七到榜九。

28. 点关注,不迷路,主播带你上高速。

29. 万水千山总是情,点个关注行不行。

30. 万里长城永不倒,长城不倒我不倒。

31. 榜一榜二最给力,天天都开法拉利。

对于直播间的粉丝,我们也要时时感谢,这里给主播们总结了一些感谢语,请收藏使用。

1. 感谢××的关注哦,是我的美貌还是我卖货的技巧,让你忍不住出手的吧,主播不接受任何反驳哟。

2. 感谢朋友们今天的陪伴,感谢所有进入直播间的朋友们,谢谢你们的关注、点赞哦,主播好开心!

3. 感谢所有进直播间的宝宝们,还要感谢很多人从我一开播就在,一直陪着我下播的家人们。比如××,×××,陪伴是最长情的告白,你们的爱意我收到了,咱们下次再见!

4. 最后为大家播放一首《难忘今宵》,播完就下播了。希望大家睡个好觉,做个好梦,明天新的一天好好工作,晚上我们继续再聚。

34.
如何展示和有效讲解产品，并提出成交主张？

对于带货主播来说，最主要的动作就是不断给粉丝展示和介绍产品。在展示产品的过程中我们要把握这些技巧，就能轻松应对了。

首先，抓住重点。千万别从盘古开天地讲起，把产品的主要功能、卖点讲清楚就可以了。因此，在直播卖货前要把每一款产品的主要功能、卖点提炼出来，并加以熟悉和掌握。

其次，一定要关注粉丝的提问，切忌自说自话。粉丝在直播间提问，说明对方对你的讲解感兴趣了，有想进一步了解产品的欲望，这时候，如果你不理人家，只管按照自己事前准备的台词讲解，就会错过成交的机会。

最后，把握好时间，千万别在一款产品上花太多时间，影响了整场直播的效率。有时候遇到一些粉丝纠结产品的细节，反复提问，没有经验的主播会被牵着鼻子走，陷入一些不必要的讨论，甚至有的粉丝会提一些与产品本身没太大关系的问题。比如，一个粉丝问你们工厂在哪里？厂里还招工人吗？你是哪里人啊？结婚没有啊？这些与产品无关的甚至带有挑逗和歧视性的问题，你完全可以不予理会。

分享一个介绍产品的方法——FABE 销售法，建议主播们用这个方法整理出所有产品的话术，以便让粉丝能快速成交。

FABE 销售法是非常典型的利益推销法，而且很具体，具有高度的可操作性。它通过四个关键环节，极为巧妙地处理好了顾客关心的问题，从而顺利实现产品的销售。

F（features）代表特征，即产品的特质、特性等最基本功能，以及它是如何满足我们的各种需要的。例如从产品名称、产地、材料、工艺定位、特性等方面深刻挖掘产品的内在属性，找到差异点。特性，毫无疑问就是自己品牌所独有的。

每个产品都有其功能，否则就没有存在的意义，这一点应是毋庸置疑的。对产品的常规功能，许多销售人员也都有一定认识。但需要特别提醒的是：要深刻发掘自身产品的潜质，努力找到竞争对手和其他销售人员忽略的、没想到的特性。当你给了顾客一个"情理之中，意料之外"的感觉时，下一步工作就很容易展开了。

A（advantages）代表由这一特征所产生的优点，即 F 所列的商品特性究竟发挥了什么功能。这是要向顾客证明"购买的理由"——与同类产品相比较有什么优势，或者产品独特的地方在哪里。可以直接、间接去阐述。例如更管用、更高档、更温馨、更保险等。

B（benefits）代表这一优点能带给顾客的利益，即 A 所说产品的优势带给顾客的好处。利益推销已成为推销的主流理念，一切以顾客利益为中心，通过强调顾客得到的利益、好处激发顾客的购买欲望。这实际上是右脑销售法则特别强调的，用众多形象词语来帮助消费者虚拟体验这个产品。

E（evidence）代表证据，包括技术报告、顾客来信、报刊文章、照片、示范等，通过现场演示，或拿出相关证明文件来印证一系列介绍。所有作为"证据"的材料都应该具有足够的客观性、权威性、可靠性和可见证性。

总结：FABE销售法简单地说，就是在找出顾客最感兴趣的各种特征后，分析这一特征所产生的优点，找出这一优点能够带给顾客的利益，最后提出证据，通过这四个关键环节的销售模式，解答顾客诉求，证实该产品的确能给顾客带来这些利益，极为巧妙地处理好顾客关心的问题，从而顺利实现产品的销售诉求。

举例："如玉家的羊毛衫最大的特点是原料选用了高品质的羊羔毛，经过了12道工序、5次检测。优点是比普通羊毛衫保暖性更强，透气性强、不扎人、不变形。穿上身以后会感觉舒适、温暖，洗后不变形、不起球、不缩水，可以看一下我们的质检报告，是国家官方检测报告，官网上还可以查询每一件羊毛衫的信息。您放心买，我们还有30天不满意退货的保障。"

表达到位，句句说中顾客的心思，让顾客能一下子了解产品，购买便不成问题。

一些主播口才很好，颜值不错，产品讲解得很好，产品性价比也很高，但几小时直播下来成交率并不高，很大一部分原因是主播在讲解完一款产品的时候，没有大胆地发出成交主张引导顾客成交，只顾着按照自己的流程不停地讲解。主播在讲解完一款产品时，应立即引导顾客下单购买。比如，"这款是限量款，喜欢的宝宝赶紧在下方小黄车下单，这款只有两件，先到先得""宝宝们，不要犹豫，优惠活动只有今天""点击下面小黄车3号链接，下单就可以获赠礼品""喜欢就快买吧，就在下方2号链接，今天是买二送一"等。

35.
讲解产品和欢迎粉丝如何联动起来？

前面提到，直播销售和会销不一样。直播过程中，粉丝是逐渐走进直播间的，主播在讲解产品的时候，依然会陆续有粉丝进入直播间，所以主播在讲解产品时看到有新人进入直播间，要立即欢迎粉丝，在欢迎词和产品介绍两者之间不停地切换。

比如，"这款面料是桑蚕丝的，夏天穿着非常的凉爽。欢迎'阳光明媚'来到直播间，我们今天会有3轮抽奖和两轮秒杀，一定不要错过机会哟。刚才这款桑蚕丝面料的衣服穿在身上很显档次，一共有3个码，喜欢的宝宝赶紧点击下方小黄车下单。欢迎'万里晴空'来到直播间，刚才这款桑蚕丝面料的衣服呢……"这样就在欢迎新人的同时推动了直播的进程。

大家一定要记住，直播时最忌讳的就是主播只管自己一个人讲，完全不理会直播间粉丝的提问，既不和粉丝互动，也不欢迎粉丝，这样会让粉丝没有存在感，感觉不受重视，其离开直播间的可能性就会非常大。因此一定要随时与粉丝互动，注意直播间粉丝的留言，随时欢迎粉丝。

如果你选择的直播平台有粉丝打赏功能，当有粉丝给你刷礼物的时候，一定要以兴奋的状态大声感谢，大声念出该粉丝的名字，这样粉丝会获得巨大的成就感和满足感。千万不要有气无力地应付："谢谢，谢谢大家刷的礼物。"这会让粉丝很失望。

36.

如何展示购买链接的进入方式?

当主播发出成交主张的时候,经常会看到有一些粉丝在直播间问,"在哪里下单呀""我怎么没有找到 3 号链接"等问题,有时候会觉得这些粉丝怎么这么笨。不过,作为主播,你一定要理解,目前中国还有很大一部分人可能从来没有在直播间买过商品,今天是第一次购买,因此千万不要马虎对待就要成交的顾客,一定不能放过这个机会,宁可停下所有讲解,都要指导顾客买单。那么,到底该如何指导呢?

最好的办法是拿出事先准备好的互动手机,进入你自己的直播间,然后对着镜头,亲自给大家演示一遍小黄车在哪里、如何点击链接、进入链接后如何下单支付等等。一遍不行就再演示一遍,直到顾客看明白为止。视频演示购买的操作流程也可以让助理主播完成。

37. 如何预告直播结束时间、下次直播时间,并随时让粉丝关注直播间?

一场直播,不仅要让粉丝知道在什么时候开始,也要让粉丝明白到什么时候结束,这样粉丝好安排自己的时间。大多数直播在推广海报上都只写了几点开始直播,没有写直播结束时间。当然,靠打赏赚钱的才艺主播无所谓,写不写结束时间都可以,但带货主播就不一样了,就像线下的实体店,你要让顾客知道几点开门、几点打烊。因此,不但要在推广海报上预告直播结束的时间,还要在直播的过程中提醒粉丝,今天这场直播大概在几点结束,尤其在直播中后场的时候,要不断提醒粉丝下单要抓紧时间,这样可以促使顾客下单购买。

例如,"宝宝们,今天的直播时间还有最后20分钟,抓紧下单吧"。随时对粉丝进行倒计时,提升购买的紧迫感。

一般来说带货主播的开播频率最好是固定的,这样粉丝就知道你开播的规律,容易形成记忆,因为粉丝关注的主播并不是只有你一个。比如固定每周一、三、五下午2:00—5:00直播,或者每周二、四、六晚上9:00—12:00直播,又或者每天上午8:00—12:00直播等。不但要在推广海报上写出来，在直播快要结束的时候，一定要再次提醒粉丝下一场直播的时间，尤其是直播的主题和具体有什么优惠活动，吸引粉丝到时再次进入你的直播间。

  主播在直播时的主要任务是介绍和销售商品，还有一项非常重要的任务就是引导粉丝关注直播间，成为你真正的粉丝。只有关注了你，你下一次开播的时候，对方才能收到你的开播提醒。除了我们自身要有价值让粉丝主动关注以外，在直播的过程中还要不断引导粉丝关注，引导关注的话术要穿插在整个直播过程中。当然，在直播快要结束的时候，更要把引导粉丝关注直播间当作一项重要工作来做。例如，"新进来的伙伴、没有关注的伙伴给主播点一下关注，关注后不会错过任何一次优惠活动哟，接下来我们继续讲解产品"。这样的话术要一直伴随着整场直播，当你看到进入直播间的粉丝越来越多的时候，一般5分钟就要说一次关注直播间的提醒。在话术部分，我们还将介绍让不同粉丝关注直播间的详细话术。

38.

直播后如何做总结?

每一场直播结束后都应该做一个总结,要不断总结经验,才能成长进步得更快,才能有更好的业绩表现。一般应该从直播过程和直播结果这两个方面来总结。

没有好的过程,就不会有好的结果。直播的过程包括:主播表现、团队配合、粉丝互动、产品介绍。

主播表现指的是主播在直播过程中的语言表达是否顺畅,状态是否良好等;团队配合是指主播、模特和助理主播、客服之间的配合是否影响了销售和粉丝体验;粉丝互动是指在直播过程中对粉丝问题的回答是否到位,是否遇到"黑粉",处理得是否恰当等;产品介绍是指是否有遗漏或者讲错的地方,产品卖点该讲的是否都讲到了,下次如何才能把产品展示和讲解得更好。

直播结果就是数据分析,包括商品销售数据和新增粉丝数据等。当然,刚开始直播时的数据只能做一个参考,因为基数不够大,不具有代表性,但随着直播场次的增加、粉丝人数的增多,粉丝画像会越来越清晰,销售数据就有可参考性了。比如,可以根据粉丝的年龄、性别、地区等调整产品，去满足粉丝的多样化需求；根据销量最多的款式、最受欢迎的价格、常见的粉丝问题等去调整产品组合。

当然，总结会开完后，别忘了及时给下了单的粉丝打包发货。这也是非常重要的环节，毕竟所有粉丝都想以最快的速度拿到自己购买的商品。

利用直播间数据分析可以获得高盈利，很多主播在直播结束后，没有分析数据的习惯。一场直播结束后，也无法用数据指导行为与业绩的改善。我们来看看如何从有效数据中得到改善建议。

有些主播的一场直播长达 8 个小时，甚至更长。有些品牌为了长期占据推荐位，24 小时不下播。但是，是否运用数据来驱动运营了呢？无论做多少场直播，每场都必须做复盘和改善。

直播数据分析的目的有以下几个：

第一，找出数据波动的原因。数据上升和下降的原因分别是什么？有些主播会提出，为什么分析了数据下降的原因，还要分析数据上升的原因呢？因为数据下降，我们一定要找出需要改进的部分，而偶发性的数据上升，也一定是我们偶然间做对了什么，我们要把这种偶然总结出可以复制的方法。比如，通过对比找出异常情况，差的数据是异常，好的数据也是异常。某主播每天平均增粉 50 人，今天突然增粉 200 人，这就是异常，要分析出这是因为什么。

第二，通过数据规律发现平台规律，找出平台提升流量的动态原因，做数据模型，指导改进。

第三，整理和处理数据，做数据统计，包含日期、直播时间段、时长、累计互动、累计场观看量、累计商品点击量、最高在线量、粉丝点击占比、新增粉丝量、预估转化率、转粉率、粉丝平均停留时长、掉粉数、订单笔数、总销售额、环比增降率等。

第四，特殊事件法，比如首页、频道改版、标签变化、开播时间更新等，需要运营和场控记录下特殊事件，以便不断优化。

也可以通过表格的方式对单场直播进行分析，得出有效的改善建议。如下文给出的示例"单次直播业绩改善分析情况"。

直播经济是注意力经济，千万别小看数据分析的作用。以淘宝为例，假如每天的UV（访客）在1500万左右，平均每个人能看多少秒有一个公式：观看总时长＝平台总UV×观看时长。假如今天有1500万的UV从淘宝直播进来，每人看10分钟，观看总时长就是1500万×600秒＝90亿秒。假如今天你的直播间是观众进来了之后就没有出去，就说明其他主播的直播间流量相应减少了。淘宝直播有一些不同的主题——精选、生活、全球、亲子、美妆、服装、珠宝，你在自己的主题类目里占了多少市场份额呢？

现在直播比较关注的是直播的观看时长。有许多新主播，直播了两三个小时只有几百人甚至几十人观看，但其应该关注的不是进直播间的人多人少，而是粉丝进直播间后的观看时长。有些主播一天直播了七八个小时，在线观看人数并不多，在线转换率也不怎么样，但是观看总人数还是不错的。这时候，要改变的就是直播内容，比如采用抽奖、红包等形式，同时观察在改变内容之后观看人数是否有变化。一个人进直播间以后，停留的时间长度决定了购买率，人均停留时长的公式是：直播间人均停留时长＝直播时长/观看人数。优秀的主播人均观看时长可以达到6～10分钟。可以用这个算法来衡量一下自己的直播内容是不是粉丝想看的。如果内容有问题，可以分析现有产品用户画像是否存在问题，并对内容进行优化。当对内容进行优化之后，主播要关注自身的吸粉情况。互动的效果是优化自身的核心，粉丝看直播时能不能优化自身与粉丝互动的效果或者点赞，关键在于主播的引导性。互动的好坏会直接影响粉丝的购买率。数据

单次直播业绩改善分析情况

1. 主播：李小莉
   结果及改善：
2. 主播累计直播时长：80 小时
   结果及改善：
3. 直播时间段及时长：下午 2:00—晚 10:00
   结果及改善：中间用餐时间，助理主播替换，不能边吃边播
4. 销售产品：当季新款 001—010 服饰
   结果及改善：每次可增加两款
5. 累计互动量：500 人
   结果及改善：低于平均数 800 人，主播没有引出讨论话题
6. 总场观看量：6000 人次
   结果及改善：低于平均值 8000 人次，分析原因为主播对产品不熟悉，换款速度慢，回应粉丝慢，造成流单。主播要加强对新款的熟悉程度
7. 累计商品点击量：300 次
   结果及改善：低于平均值 400 次，本场新款点击量低于平时数量
8. 最高观看在线量：1200 人次
   结果及改善：最高峰时间是晚 8:00—10:00，这个时间段重点发红包和秒杀
9. 粉丝点击占比：60%
   结果及改善：和平均值相当，直播间粉丝忠诚度较高
10. 新增粉丝量：300 人
    结果及改善：本场增加了赠品
11. 预估转化率：40%
    实现转化率：30%
    结果及改善：新款量不足，每场必须保持单品新品 20 款
12. 粉丝平均停留时长：4 分钟
    结果及改善：低于平均值 10 分钟，主播要改善节奏，提升对单品的熟悉度
13. 掉粉数：无
    结果及改善：
14. 订单笔数：1800 笔
    结果及改善：保持平均值，但高单价产品占比相对减少，主播介绍时没有突出产品的价值
15. 总销售额：36 万元
    结果及改善：
16. 环比增降率：下降 15%
    结果及改善：款式量不足，主播对新品熟悉度不足
17. 退货率：一周内 15%
    结果及改善：展示时光线原因导致的色差，可以通过灯光布置改善

对主播的直播间权重非常重要。直播时长也很重要，每次直播最低不少于3小时。按淘宝直播的规则来说，低于3小时的直播基本等于没有直播，淘宝直播的浮现权是基于时时热度计算的。有时要直播一两个小时才会提升浮现热度，才能吸引流量，如果直播时间太短，就达不到吸引流量的效果。如果将直播作为全职和重要工作，数据分析就是非常重要的。

开播前的小贴士

一、前期准备
1. 根据平台需要，设置预告直播时间
2. 制作直播海报，提前1～3天预告，并做好海报，进行朋友圈、微信群、私信宣传
3. 海报中包括：直播主题、产品及介绍，建议加上主播的形象照
4. 检查好直播道具：两部手机、纸和笔、充电宝。直播用的手机在直播前将电充满
5. 直播参与人员：2人（留意直播间话题、协助主播不冷场）
6. 至少提前半个小时到直播现场，布置场地，调整灯光，确认最佳直播效果，检测网速、手机的电量

二、直播时注意事项
1. 直播用的手机使用Wi-Fi，开启飞行模式，保证最佳直播状态，不受来电或短信干扰
2. 开始直播时，调整好画面、灯光，先进行自我介绍、主题介绍，再进行产品介绍（特点、优点、卖点），直播间现场演示产品使用情况，或实验过程及结果
3. 留意观众提出的问题，与观众更好地互动，引导观众关注、转发、点评（详见直播间互动文档）

三、直播后
1. 检查回放视频，总结经验
2. 记录当天的直播观众提出的各种问题，或自己设置的问题，以便下次开播时解决
3. 把直播间分享给没观看过直播的好友

接下来，我们附上直播数据复盘表格（见表10），这对于运营的人来说是相当有用的，通过对数据的分析，可以对下一次直播进行调整。也可

以通过某些第三方软件平台,掌握实时直播数据,进行更有效的投流或者上款(见表11)。

表 10　直播数据复盘表

直播日期		主播		直播地点	
直播产品					
参与人	主播:×× 　场控:×× 　总协调:×× 督导:×× 　运营:×× 　客服:××				
项目		数据		备忘	
时间及时长					
人均停留时长					
观看人数					
在线最高人气值					
新增粉丝数					
粉丝团增加量					
付费用户数					
互动用户数					
音浪收入					
私信引流数					

表 11　支出收益复盘表

日期	时段	时长	是否投放	DOU+投放金额(元)	FEED投放金额(元)	总计投放金额(元)	本场GMV成交金额(元)
1月10日	21:00—24:00	3小时	否				10000
1月11日	21:00—24:00	3小时	否				15000
1月12日	21:00—24:00	3小时	是	1000	8000	9000	54000

通过以上数据分析，我们进行了相应的总结，调整接下来的直播计划（见表12）。

表12 直播计划调整分析表

现象	原因	改善指标
商品点击量多、累计观看量少、成交量少	主播转化差	增粉量、粉丝团增加量、购物车点击量、单场付费人数转化率、私信量、到店量、成交量
累计观看量少或持平、点击少、互动少、成交转化少	主播＋货品＋直播间规划布局设计	人均停留时长、人气值、直播单场评论数、购物车点击量等
累计观看量多、商品点击量少、成交转化少	货品选错了	总场观看、订单数、成交金额、单品订单数、单品成交金额

通过这些总结可以看出，归根结底是人、货、场的问题。要么提升人，也就是主播的能力；要么提升货，改善货品结构或者价格、赠品等问题；要么改善场的问题，从粉丝的角度设计直播间视觉效果。

话术

做个会引导、会聊天、会成交的好主播

过去 10 多年来，我一直在辅导线下实体门店如何做好销售、提升业绩，也一直在帮助许多品牌，根据不同产品属性编写销售话术，包括关于品牌、产品、价格、竞品、卖点、异议、售后、服务等的话术。时至今日，销售渠道和场景发生了根本改变，销售者的角色也从原来的导购员变成了时尚名词"主播"。因此，销售话术需要相应更加互联网化。

直播间的销售话术相比线下实体店来说要简单很多，其原因在于消费者的心理不同。直播间的观众闲逛的很少，目标性顾客特别精准。他们喜欢就待在直播间里，直奔主题，开门见山，有购买的意愿就会询问，感觉产品好就会购买。我通过总结发现在直播间里，顾客常问的问题一般不会超过 30 个。我会以服装行业的直播销售场景为示范，给大家详细阐述和讲解应对的话术与策略，其他行业可以根据这个思路举一反三，灵活运用。

我也分享

39.

如何掌握直播间粉丝的心理？

直播间里顾客的提问方式通常是文字输入形式的，所以，会很简短，有时会用简单的几个字或者暗语代表。比如在店里顾客会问："这件衣服多少钱？有没有优惠？有赠品吗？"直播间里粉丝通常就通过几个字来表达："多少米（多少钱一件）？""包邮（是包邮价吗）？""正的（是正品吗）？"我们得学会习惯和总结粉丝们的提问方式。

在直播间与粉丝互动时，首先要掌握直播间里粉丝的心理活动，粉丝通常有如下六种心理：

第一，求便宜的心理。都知道是厂家直播，没有中间商赚差价，相同品质的产品，价格是不是已经降到冰点了，是粉丝们首要考虑的问题。

第二，爱占便宜的心理。爱占便宜并不是粉丝对价格敏感，图便宜，而是为能占到便宜感到高兴。比如买二赠一，9.9元2000根皮筋，还包邮。细算下来，厂家没吃亏，粉丝也觉得自己占了便宜。

第三，从众心理。粉丝一进直播间看到大家的购买声此起彼伏，下单的人络绎不绝，咨询的人排起了队，跟实体门店一样，热销的氛围刺激了粉丝的购买欲。

第四，好奇心理。粉丝一进直播间，见到主播的穿着打扮很独特，或者所讲的话题比较独特、犀利，心生好奇，他们愿意多停留下来看看，主播今天到底要秀什么宝贝呢？

第五，尊重心理。粉丝一进直播间，主播就亲切招呼，尊重粉丝，开心地说出粉丝的名字。比如主播用甜美的嗓音叫出"欢迎'可爱多多'走进主播的直播间。哇，一看名字就知道进来的肯定是一位非常可爱的宝宝。是吗？可以回应下主播吗？"粉丝感到被尊重，自然会多停留在直播间。

第六，赞美心理。粉丝受到赞美，会自我感觉很好。只要主播赞美到点儿上，说到粉丝心里，就能促进粉丝购买。例如，"'007宝妈'，您真的好棒哟。对宝宝的身材细节了如指掌，同时还知道宝宝喜好的颜色和款式，真是一位超级贴心的妈妈。宝宝一定好爱您的，有您这么细心的宝妈，宝贝一定很幸福呢"，试想这位"007宝妈"听到这些话是不是很高兴，很有成就感？成交可能就是自然而然的事情了。所以，主播要养成随时随地赞美粉丝的习惯。

把握好这六种心理，加上主播表达流畅、态度真诚、语言诚恳且面对拒绝、挑剔、刁难时委婉表达，就会为成交建立起很好的基础。

40. 粉丝问"这个产品多少钱"时如何应答?

你在直播间讲解产品的过程中,一定会有粉丝问及产品价格,其实在购物车链接里是有标注每一件产品的价格的,但是,没有直播间购物经验的粉丝往往不知道怎么查看产品链接和价格。这时,主播就要耐心回答并引导粉丝购买。首先回答你正在展示和讲解的产品是几号链接,然后重复该产品的核心卖点后报出价格,并引导粉丝点击购物车去查看。

举例:粉丝:"这件多少米?"(有些平台不适合说钱,一般习惯用"米"代替"钱"字。)

主播回应:"欢迎'兰色星球'宝宝,主播正在展示的这件衣服在8号链接,上衣是今年流行的泡泡纱新款,紫色也是今年的流行色,时尚又高贵,蕾丝花边是冰凉纱的,特别透气,里衬是真丝面料,有大、中、小3个号码,门店价格是699元,今天主播秒杀价是399元包邮。喜欢的话,可以拍下哟。"

在直播间你会遇到这样的情况,刚刚回答完一个粉丝的问题,紧接着就有另一个粉丝问出同样的问题。因为在直播间里，粉丝是陆陆续续进来的，刚才主播的回答新来的粉丝根本没有听见。这时，主播一定要有耐心，把回答过的话术重新讲一遍，千万不要表现出不耐烦，因为对于你来说可能已经说了十几遍，对于粉丝来说是第一次听见。在回应粉丝与介绍产品时，全程状态一定要嗨。可以加入自己一些标志性口头禅，比如，"相遇花花、时尚到家""玲姐家居服，舒服一整天""买过不后悔，就找李大雷"，既好记又押韵的语言可以让粉丝一听就记住，具有引导性。

41. 粉丝问"还能再便宜点吗"时如何应答?

讨价还价是顾客的天性,不管你标价多少,也不管你打了几折,顾客总觉得你赚了钱,而且总希望从你这里占到点便宜,或者总担心自己买贵了,怕你给他的价格与给别人的不一样。因此,顾客总是会问:"还能再便宜点吗?"这句话成了顾客的口头禅,没有什么实质意义,你甚至都可以不用理会。但是,顾客是有情感的人,对顾客的每个问题主播都应该做出相应回应,满足顾客被尊重与受重视的心理。

举例:粉丝:"便宜点。"

主播微笑回应:"兰姐在问便宜点是吧?兰姐,我跟您说啊,咱们这款服装原价是999元的,某宝上最低价也是799元,今天只有在咱们'有品位服饰直播间'里才能享受699元的优惠。咱这是一分钱一分货啊,咱家品牌不是仿款,也不是低端面料,是货真价实的桑蚕丝面料,款式也是当季的新款。您可以跟任何平台比价,如果今天买贵了,我都给您退款,您就放心购买吧。"

如果兰姐再犹豫:"便宜点,以后还来。"

主播可以继续回应:"兰姐,您看咱们直播间好多粉丝都不止一次下单了。您看刚才下单的丽丽小姐姐在咱家买过6件了,是咱家的铁粉。我保证您拿到产品以后会爱上咱们家品牌的。面料、款式、板型、上身的效果那绝对是杠杠的。

"您花钱吧,就得买货真价实的产品,您说是吧?咱还有7天不满意退换货的规定。咱是厂家源头货品,您一百个放心,不会买贵的。"

主播切记不可在表情和语言方面显示出不耐烦或者嫌弃,觉得顾客买不起,爱买不买。

42.

粉丝问"这是全网最低价了吗""你们怎么比 XX 品牌还贵"时该如何回答?

如果粉丝说:"其他地方要便宜些哟。"主播该如何回应呢?

事实上,顾客在互联网上买商品,最敏感的关注点就是价格,顾客总是希望自己买到的是全网最低价,担心自己买贵了。当顾客问及该商品是否是全网最低价时或者说其他地方更便宜些,其实是希望你给他一个绝对不会买贵的承诺,并不一定是他掌握了确实的证据说明你卖得要贵一些。同时,"全网最低价"的说法违反《广告法》的相关规定,要慎用。

聪明的主播这样应对:"感谢梅姐的关注,这个价格是本公司在所有平台上的最低销售价格了,您如果说其他地方比咱们卖得便宜,那应该是不同厂家因为面料不同的原因。梅姐,咱卖的是羊绒衫,有国家检测证书的,不同于一般的混毛,可能看上去是一样的,但是品质绝对不同。您看透气性、不变形、舒服度和保暖性都不是一个级别呢。梅姐,您放心拍,同品质的产品不会买贵的。"

粉丝货比三家是很正常的,尤其是在直播间买产品,不但可以货比三家,甚至货比百家都很方便。很多直播平台搜索同类产品很方便,不喜欢的时候手指一滑就到了竞品直播间。因此，遇到顾客问与××品牌对比价格的时候，可以这样说："作为同行，不好去评价别人，这个没有可比性，材质、面料都不一样，做工也不一样，主播今天只想说说我们家品牌的优点是什么……"

粉丝问"今后还有更优惠的活动吗""什么时候再上新款"时如何应答?

粉丝:"今天以后还会有优惠吗?"

这个问题反映了大多数粉丝的心理,他们总觉得在直播结束的时候,或者在整个促销活动结束的时候会更便宜。在线下实体店的销售价格规律就是这样的,刚上新款的时候是原价销售,慢慢就8折销售,马上过季就7折销售,过季了就6折销售。粉丝有这个顾虑是很正常的。即使粉丝不在直播间问这个问题,你也一定要打消粉丝的顾虑。

主播可以回应:"宝宝们,你们千万别再等了,喜欢就马上入手,产品数量有限,卖完就完,这件产品不加单了,这个价格能买到就当是主播给大家的福利了。"

接着主播看看手机,再激动地说:"哇,感谢宝宝们下单,这款还有最后6件,喜欢的宝宝们抓紧时间。像这种畅销品,我们也只能拿到50件来做活动,之后就没有优惠了,喜欢的宝宝们不要错过机会。"

当然,我们一旦做出这样的承诺,就要信守承诺,不要过两天产品价格更低了,那就会失掉粉丝们的信任,对于品牌的长久信誉来说并不好。

当粉丝问什么时候再上新款这个问题时，说明你所卖的现有产品满足不了他的需求，或者他已经购买了，还希望看看更多新款。这时候，你就要分清楚是哪种情况了。如果是已经购买过的粉丝，你可以告诉他，很快就要上新款了，如果有具体时间就直接告知，让他心里有数，到时会再来直播间继续选购。如果是没有成交过的粉丝，你就要问："宝宝，是想选什么款式的服装呢？想在什么场合穿呢？方便报下身高、体重吗？我给您推荐一下。"主播可以先不回答有没有新款的问题。如果粉丝报出了身高、体重和对颜色款式的需求，就可以引导他购买现在展示出来的产品，实在无法成交，再告知他上新的时间，并引导其关注你的直播间，到时开播时就会提醒他。

主播还可以应答："欢迎宝宝们关注主播的直播间，我们每周一、三、五上新，每晚 8:00—12:00 直播。"

44. 粉丝问"不合适可以退换吗"时如何应答?

粉丝:"包退换吗?"

这个问题在直播间也是普遍会被问到的。毕竟不是在线下面对面沟通,粉丝对商品的了解也只停留在主播的口中和画面上。他们担心收到货之后不合适纯属正常。因此建议商家一定要制定好退换货制度,给粉丝安全感。

哪些情况可以退换,哪些情况不可以退换,一定要交代得清清楚楚、明明白白,避免引起不必要的麻烦。特别是在商品链接里要详细地用文字和图片展示清楚。

主播可以回应:"收到货7天之内,或者下单后15天内没有剪掉吊牌,不影响二次销售,没有损坏的服装都可以退换。

"宝宝们,回家试衣的时候一定要注意,香水味、口红印不要留在服装上哟。如果出现这样的情况,主播就没有办法给您退换货了。"

45. 粉丝问"什么款式适合我""哪一款最显瘦"时如何应答?

粉丝:"我适合什么款式?"

不是所有粉丝都清楚地知道自己适合什么样的款式或者风格,这时候,就需要主播询问清楚顾客的需求,想要达到什么样的效果等。

主播可以询问:

"宝宝,您身高多少?体重多少?报给我一下好吗?"

"宝宝,您想平时工作时穿还是旅行穿,或者参加晚宴?"

"宝宝,您平时穿服装一般是什么码呢?"

"宝宝,方便说下您的三围吗?"

"宝宝,紫色适合皮肤偏白的,棕色适合皮肤偏黄的,黑色适合皮肤偏小麦色的。宝宝看看哪种颜色适合你呢?"

服装类直播间互动得最多的问题就是身高、体重、三围,以及适合哪种款式的问题。因此,作为服装主播,要提前准备好相对应的标准,当粉丝报出身高和体重、肤色以及服装穿着场景时,主播要能马上推荐出相匹配的产品。

对于服装来说，大多数女性顾客都希望自己穿的衣服显瘦、苗条。这是非常大的一个诉求点，因此，当有粉丝问这个问题的时候，主播可以展示给粉丝看上身的效果。因此，在直播间销售服装，往往不是身材很好的主播卖得好，反而是身材偏胖的主播销量更好，因为粉丝可以马上看到穿在主播或者模特身上的效果，这种视觉冲击力非常重要，亲自示范比说100句话都管用。当然，如果你找不到身材偏胖的模特，那就得靠语言来描述了。

举例：粉丝问："主播，我要显瘦的。"

主播回应："你看，这款上衣是竖条纹的，腰线偏上的设计，非常显瘦，身高155厘米、120斤的美女穿上，看上去最多100斤。

"不瞒你们说啊，主播的身材就是身高155厘米，体重是128斤，你们看到主播穿这件就是很显瘦的效果。"

建议主播在设置栏将自己的身高和体重标注出来，让粉丝们直观地看到效果。

当然，我们不能为了促成销售而忽悠消费者，一定要对每一款服装的特点，是否真有修身效果做出准确的描述，以保证粉丝上身后的确能达到效果，才不会引发售后问题。

46.

粉丝问"有超小号吗""最大码是哪款""主播多高、多重"时如何应答？

能问"有超小号吗"问题的粉丝，一般是身材娇小的人，不太好买衣服。首先我们要如实回答，有就是有，没有就是没有。要真实地回答产品的最小码是多少，适合什么身高和体重的人。然后可以引导粉丝，这个款要稍微穿宽松一点比较好看等。

主播回应："宝宝的身高和体重可以告诉主播一下吗？……宝宝，你的身材呢，穿我们家的 S 号就可以了。不一定要选择超小号的，因为这个款式穿宽松一些会显得比较有飘逸感。宝宝放心，身材苗条的女生穿我们家的衣服是很合适的，能穿出气质来。"

能问出"最大码是哪款"问题的粉丝一般体重比较重或者个头比较高，一定要问清楚他们的具体身高、体重、三围数据，再结合我们的产品进行推荐。特别提醒，根据我们的直播经验，因为这个问题处理不好而产生退换货的概率非常高，比如冬装，稍微大一点还可以接受，要是小了，穿在身上是很难受的。

主播可以回应："宝宝，方便报一下身高、体重吗？……宝宝，主播比你矮，体重也比你重，你看主播穿上我们家的加大号，起到了修身的效果。所以，我建议宝宝买加大码非常合适。基本上穿上这款视觉上会让我们比平时小一圈呢。"

问主播的身高体重的粉丝可能是没有看背后信息牌的习惯。

主播可以回应："主播身高 160 厘米，体重 100 斤，穿 M 号，宝宝可以关注主播，留意看主播后面的信息提示牌哟。喜欢哪款可以留言，主播会及时回答的。"

有一部分粉丝的确对直播的各项功能及细节不太了解，需要我们耐心地引导。

47.

粉丝说"你们的款式不够洋气/不好看""你们的款式太少了"时如何应答?

当粉丝提到款式不够洋气/不好看这个问题的时候,至少说明他对你这个主播还是有一定兴趣的,要不然他就直接退出或者滑走了,这时,你还可以争取一下。

主播看到这些话一定不要生气,要有耐心,微笑着应对,可以回应:"可可美女是一位很有品位的宝宝呢,你应该平时对穿着很讲究吧,宝宝喜欢什么款式的可以给主播说哟。我们家的品牌服装走的是休闲路线,可能光看不能突出特色,主播可以给你展示一下上身效果。每个人的气质不一样,穿上身以后效果会不同,主播给你示范一下啊。你看看,上衣是青蓝布衣,下身是麻布的裤子,如果配上一条纯棉的围巾,再搭配草编的手工包。可可美女,你看是不是有一种很田园的感觉呢?你春游的时候如果搭配这套穿,回头率会很高呢,拍照也很好看。这其实也是时尚的一种,乡村田园风,有一种大自然的清新感觉。"

主播在介绍时,尽量把粉丝认为的难看、不洋气、太土用其他方式呈现,反而突现出了服装的特色,说不定其他粉丝看见后,觉得喜欢会下单的。

款式一直是服装的核心要素。因此，顾客对款式的要求也越来越高。其实，这是直播销售和线下实体店面对面销售最大的区别。在线下实体店里，款式好不好看，适不适合顾客，上身一试就马上知道了，而在直播间，顾客最把握不准的就是款式了，有时候不是款式不好，而是顾客无法亲身体验到上身效果，而发出不太客观的评价和担心。

举例： 粉丝："款式太少了，还有其他的吗？"

主播可以回应："我们今天介绍的款式的确不多，但是每个款式都是经典款，所以我们的服装不会穿几天就过时了，有些流行款的确很多，但是可能宝宝穿几天就觉得不耐看了呢。宝宝放心，咱们家的服装穿上几年都不会过时的，过几年再拿出来穿仍会显出它的质感。其实算下来，性价比特别高呢。宝宝，您身高、体重多少？我帮您挑选一款吧。"

48.

粉丝说"这两款都好看,你是专业的,帮我选吧""我165厘米、110斤,穿哪个号合适",或者"我穿哪个颜色合适""身高不高能穿吗?太胖能穿吗"时如何应答?

会求助主播选择款式的顾客往往属于犹豫型,有一点选择困难症,他们在线下逛街一般喜欢成群结队,购买产品也特别喜欢听同伴的意见。而在直播间,他们就显得更加犹豫了,因为没有同伴可问,因此,只能问主播了。这时,你问清楚他的身高、体重,匹配好号码后,可以大胆帮他做决定,千万不要说其实两款都好看,各有各的特点,就看你的喜好了,这样他更没有主见了。

举例:粉丝:"不知道应该选哪件了,求助主播。"

主播可以回应:"宝宝,根据你的尺码和你说想在上班时穿,主播建议你拍8号链接。因为8号链接这款套裙是通勤款,在办公室环境里显得大方又职业化,工作起来也方便。你相信主播的眼光,我做品牌服装8年了,好多铁粉都是让我给他们搭配的。"

选择哪个号码合适,是服装销售互动得最多的问题之一,即使粉丝不问,主播也要引导粉丝说出他的身高、体重情况,才好推荐相应的款式和尺码。粉丝主动问及这个问题，就说明他已经对你或者你的产品产生了兴趣，只要推荐得当，价格合适，成交的概率非常高。

举例：粉丝："165厘米、110斤，9号链接穿哪个号？"

主播可以回应："美女身材蛮好的呀，应该是属于高挑、丰满型的美女吧，您这样的身材穿我们家中号就可以了。您点9号链接，直接下单就可以，咱们这款您的身材能穿出它的气质来。"这样的回答，既赞美了粉丝，又做了一个假设成交促进法。

"我皮肤偏黑，穿哪个颜色合适"这种问题就属于专业的穿搭问题了。服装类带货主播一定要学习相应的穿搭技巧，方便给粉丝一些专业的穿搭建议。类似的问题包括：这件上衣怎么搭配裙子或裤子？这件衣服如何搭配丝巾？这种颜色的上衣配什么颜色的裤子？等等。

举例：粉丝："皮肤黑，咋弄啊？"

主播可以回应："灵灵宝宝，皮肤偏黑呢，属于健康的小麦色啊，建议你配灰色或者红色，显得大气，有国际时尚范儿。你看我们模特的图片，模特的皮肤就比较偏黑，配灰色特别有国际范儿。"

"身高不高能穿吗？太胖能穿吗？"这类问题，发问的人并没有详细地说明自己的情况。

主播可以耐心回复："小姐姐，需要报您的详细身高和体重信息哟，主播才能给您找适合的产品呢。""小姐姐把您的身高和体重打在公屏上啊，主播给您找适合的产品。"

49. 粉丝问"这个品牌线下有卖的吗""从来都没听说过你家品牌"时如何应对？

你首先要分析，粉丝为什么问"这个品牌下线有卖的吗"。粉丝问这个问题通常有这几种可能：一是看这个品牌是不是老品牌，有没有经过时间的验证；二是粉丝要得急，想自己去线下拿货。因此，在回答问题前要先问清楚粉丝属于哪种情况，当然不能直接问："您是不信任我们吗？"你可以这样问："您是着急用，想要自己去商场购买吗？"如果对方回答是的，明天就要用，那你只能告诉他实情，有就是有，没有就是没有。如果对方回答不是要得急，你就应该知道他是想了解这个品牌的实力和寻找对品牌的信心，这时主播可以回应："宝宝，我们品牌有8年了，之前在线下有100多家专卖店，但现在受互联网冲击，线下目前只有30多家店了，如果在线下实体店，这个价格是拿不到的。宝宝可以告诉主播，您的身高、体重是多少，主播帮您推荐一款适合您的。"

当然，如果是新品牌，不曾开过线下实体店，不曾进过商场，一直就在直播间销售，主播可以回应："宝宝，我们品牌没有进过实体店。现在线下开店成本太高了，如果把这些成本转嫁到顾客身上，那性价比就不高了。我做服装生意6年了，现在觉得直播销售真是太好了，成本低、效率高、物流快，随时可以退换货。宝宝对咱们直播店放心，您下单后不满意，7天内主播给您退换，宝宝可以说下您的身高、体重是多少，我帮您挑选一款吧"。

粉丝说"从来都没听说过你家品牌"时，说明他对主播或者品牌还缺乏信任感，我们只需要耐心地介绍主播和介绍品牌就可以了。要表示出真诚的态度，帮助粉丝建立信任感。

举例：粉丝："这个品牌没听说过。"

主播可以回应："宝宝，艾姐做服装生意10多年了，我以前是在××品牌做设计师，唯美品牌是我2018年创立的，没有开线下店，没有做任何广告，我们把时间、精力和财力全都用在了面料研发和设计上了，所以您没有听过很正常的。两年时间，我们已经有了500多位铁粉，我们家的粉丝基本上都是回头客，都是被我们的性价比和款式、品质吸引的，您如果相信艾姐呢，可以在我的直播间看看，有喜欢的款式可以随时咨询艾姐啊。"

50. 粉丝问"这是什么面料，缩水吗""3号宝贝多少钱"时如何应答？

当顾客问及这样一些关于产品的基础知识问题时，一定要耐心回答，包括材质、面料、做工等，以及这些材料的特点、优点甚至是缺点。比如，纯棉的容易缩水、容易起皱，真丝的容易滑丝、怕火，羊绒的容易虫蛀，羊毛的保暖性能不如羊绒而且偏重等。这需要主播认真学习行业的专业知识，给粉丝专业的购物指导。当然回答完专业知识，可以再通过真诚促进成交。

举例： 粉丝："缩水不？"

主播可以回应："纯棉的就是有缩水的问题，但是宝宝放心，我们一般都做偏大一些的，就是考虑到缩水后也不会影响宝宝穿着的效果。宝宝放心拍啊。"

"宝宝这款不是羊绒的，是羊毛的，所以价格比羊绒的便宜。虽然羊绒的保暖性和舒适度相比羊毛要高出许多，但是宝宝放心拍，因为咱家羊毛的质量也是经过国家标准检测，并且有证书的。如果宝宝特别看重不变形、保暖性，可以拍咱家羊绒的产品，在5号链接。只是要贵一些，一分钱一分货啊,宝宝。"

有的粉丝问:"3号宝贝多少钱啊?"问价格,则说明粉丝对购买已经有很浓的兴趣了,主播可以说:"亲亲,可以找客服,报主播的名字可以领取5元优惠券,优惠后一共是39元。喜欢这件衣服就赶快下单吧。"

51.
粉丝说"我着急穿，能发个顺丰吗"时如何应答？

对于网络购物来说，物流是一个影响顾客满意度非常重要的因素。因此，我们一定要从满足顾客需求的角度出发，而不要从仅仅为了节约物流成本的角度来考虑。一般来说，我们可以对接多家物流机构，至少要有两家，一家是顺丰，一家是其他物流公司。顺丰的物流速度是大家公认的，但有些偏远地区不一定能送达，所以，我们一定要和物流公司对接好，哪些地区能送到、哪些地区不能送到、费用分别是多少等。一般对于需求比较急的顾客来说，可以考虑发顺丰快递，但可以设置一些要求，如果没有要求，所有顾客都说要得急，那就不好处理了。

比如，可以设计一个物流政策：（1）标准物流是圆通或者××，如果发顺丰，加价10元；（2）购物客单价在××元以上，可以顺丰包邮。有了规则就好办了，可以直接告知所有顾客。

主播可以回应："宝宝，我们是圆通包邮的。如果宝宝急用的话，也可以顺丰发货，不过需要补运费10元呢。因为咱家性价比高，包不了顺丰，请宝宝理解一下啊。"

52.

粉丝要你找一个和他身材一样的人试穿，或者要求"几款宝贝，都给我试一下吧"，如何应对？

有的粉丝非常较真，报了自己的身高、体重后，主播推荐了尺码，但他就是不敢下单，总怕不合适，到时候退换货麻烦，希望亲眼见到和他一样身材的人试穿后才敢下单。当然，如果直播间恰好有这样的助理就好办了，如果恰好直播间没有这样的人该怎么办呢？

举例：粉丝："找个身材一样的人试试，我看看。"

主播可以回应："对不起，宝宝，目前我们团队里真找不到和您一样身材的试穿模特呢，不过，相信主播的专业眼光吧，您这样的身材穿6号链接这个款的中号绝对合适，如果到时候不合适，随时调换货就行啊。咱们是诚信商家，宝宝一百个放心啊。"

粉丝要求试几款服装，说明粉丝至少对这几款宝贝都产生了兴趣，只是不知道哪一款更适合自己，这时需要我们耐心讲解。

主播可以回应："小姐姐，先点击上方红色按钮关注主播，主播马上给您试哟。"先把关注赚了，再开始试服装，每试一款都要突出这款服装的价值点。

比如,"小姐姐,3号服装是晚宴款,适合小姐姐参加年会哟;5号服装是休闲款,小姐姐平时爬山、运动、休闲穿很舒服也很宽松;8号这款是通勤款,小姐姐上班、见客户穿非常大方又得体。建议小姐姐可以三款都拿下啊"。

53.
如何应对产品以外的私人问题？

林子大了，什么鸟都有。主播在讲解产品的过程中，粉丝除了会问你一些与产品相关的问题，还会问你一些产品之外的问题。比如，"主播今年多大了？有男朋友吗？主播哪里人呀？主播是××市的呀，我也是，可以出来一起吃个饭认识一下吗？"之类的问题，这些问题看上去与销售无关，按道理来说可以不用理会、不用回答。这需要靠主播自己的智慧来判断，哪些问题该回答，哪些问题不用回答。不过，依我个人的经验来看，还是要回答，要巧妙地回答。

当有人问你年龄的时候，你可以这样回答："感谢这位朋友的关心，我今年 30 岁了，是不是看起来像 40 岁呀，这都是天天直播，为了养家糊口，为了给你们准备好的货源给累的，还不买点产品慰藉一下我受伤的心吗？"

如果你是销售化妆品的主播，就不能这样表达了，你可以回应："宝宝猜我多大？猜对有奖哟，把你们的答案发在公屏里。主播的年龄是 52 岁，啊，你们没有猜到吧。因为主播每天都有用自家的面膜呢，是不是看上去比实际年龄小很多呢。女人要多保养哟。"

当有人问你结婚了吗？如果你愿意实话实说，就如实奉告，如果你不愿意让粉丝知道你的婚姻状况，就可以这样回答："我把我的青春全部奉献给了你们，结不结婚都一样，我感觉我已经嫁给你们了，每天想的都是你们，你们一定要关注我，别让我一个人感受冷漠与孤独哟。"

当然，如果你感觉有粉丝是在故意刁难你，不怀好意，就可以不用理会了，情况严重的可以直接将其拉黑或者踢出直播间。

54.

有的粉丝没有被及时回应，提出"主播怎么不理人，不回答我的问题"，如何应对？主播如何增加亲切感？

出现粉丝觉得主播不理人的情况要先安慰粉丝情绪，一旦粉丝离开了，将会永不回头。

主播可以回应："对不起，'蓝天有云'宝宝，刚才主播在忙，没有不理你哟。不要生气哈，主播在忙，没有看到的情况下，可以多刷几次公屏。主播看到就会马上来回答您的问题哟。"

我们在线下门店做销售的时候，可以跟顾客面对面地沟通，可以根据顾客不同的特点很好地赞美顾客，给顾客提包、倒水、拍拍身上的灰尘，甚至坐下来拉拉家常，这都可以帮助我们跟顾客建立起很好的互动和亲切感。但是，在直播间，主播根本没有这样的机会也没有这样的沟通场景，那么，主播应该从哪些方面建立与粉丝的亲切感呢？

第一，称呼。在不同的直播平台，对粉丝的称呼也有所不同，有的称呼"宝宝"，有的称呼"老铁"，有的称呼"亲"，有的称呼"亲爱的"，总之，主播要根据不同平台约定俗成的规矩来称呼粉丝。

第二，语气。主播与粉丝沟通的语气要尽量温和，不要急躁，更不可以发脾气。不要学习某些大主播，动不动与粉丝杠起来，人家有这个条件，而我们的粉丝量小，没有这个条件，应该收敛一下脾气，尽管有些时候，粉丝问的问题实在让人想冒火，也得为了销量、为了品牌的发展，控制一下自己的情绪。话说甜一些，笑得开心一些，脾气收一些。

第三，故事。主播除了展示和介绍商品外，可以和粉丝拉拉家常，聊聊生活，聊聊创业故事、品牌故事，甚至是你的一些生活小事，这样可以缩短与粉丝之间的距离，增强与粉丝之间的亲切感。

成交

提高客单价的方法

我们都知道，销售额＝客单价 × 销售数量。如果我们能让顾客多购买一件产品，销售额就会增加，相应的利润也会增加。那么具体有哪些方法能够提高顾客购买的客单价呢？

我也分享

55.
主播如何引导顾客做连带购买？

我们如何能提高客单价，做好连带销售呢？

第一，设计好客单政策。也就是买一件多少钱，买两件、三件多少钱，甚至买多少有赠品，不同消费金额有不同的赠品、不同的优惠券等等。这要结合你自己的产品来设计。

第二，语言引导。有了客单政策后，一定要大胆表达。不过表达的时机非常重要。一定要在顾客对某一件产品产生兴趣的时候讲出连带销售政策，才能起到很好的引导作用。

第三，直播间一样可以做搭配销售，比如上衣搭配裤子、连衣裙搭配外套、服装搭配饰品或包包。主播要对已经下单的顾客做连带销售，和实体店销售的方法一样。

这里，我要强调一下主播的肢体语言。学习了直播话术，也不能忽视主播的肢体语言。

主播要学习的肢体语言，也包括语音语调。

我们先来总结一下主播如何训练语音语调。主播说话时声音的高低、轻重、快慢、节奏只要掌握得好，就很容易打动粉丝。我梳理了几种常见的方法，主播们可以操练起来。

一是重音的运用。重音起到强调的作用，比如重点说明的内容，"这件上衣的设计师可是国内非常出名的设计师兰可哟"，这句话的重音可以强调"兰可"。再比如可以通过重音来强调情感，"非常感谢今天直播间里的每一位粉丝，尤其是这么晚了还在直播间里陪伴我的宝宝们，我太爱你们了"。这句话说到动情的时候，可以把重音落在"这么晚了"和"我太爱你们了"来强调情感。

二是停顿的运用。适当的停顿可以使表达变得生动、有趣、引人入胜。停顿可以让粉丝进入遐想的思绪里。例如："这件上衣的品质和刚才那件是一样的，那么价格是多少呢？（停顿几秒，让粉丝思考）你们会觉得一定也是 999 元一件对吗？（停顿几秒，让粉丝思考）哈哈，宝宝们，你们太幸运了，这件由于码子只有 L 码了，所以大码的宝宝有福了。这件大码特价只要（停顿几秒，让粉丝把心提起来，营造激动的氛围）199 元！哇，特别是大码的宝宝们，你们还等什么？只有一件，赶快拍起来吧！"

三是语气的运用。说到高兴的时候，表情快乐，笑起来，声音可以轻快一些、高一些。说到难过的地方，语气低沉下来，语速慢一些，声音轻一些。表情随着内容变化，语气随着表情变化。

这三者的综合运用可以让主播的表达变得生动而更有吸引力。

如何训练肢体语言呢？

主播的肢体语言胜过千言万语，一个动作就可以引发粉丝的笑点或者调动粉丝的情绪。这里给大家整理了相应话术所对应的肢体语言，希望主播们积极运用，让你的直播间嗨起来（见表 13）。

当然，主播也有一些必须禁止的行为。在语音语调方面，主播一定不要语气傲慢、冷漠麻木，也不要用尖锐的语言挑衅粉丝，尽量做到语言流畅，不要结结巴巴。在肢体语言方面，主播要注意不要摇头晃脑、左顾右盼，不要仰着脸、侧着脸或背着脸跟粉丝交流。直播过程中，主播不要不自觉地抖动身体（抖肩、抖腿），不要做出吐舌头、舔嘴唇、挥拳头或竖中指等行为。尤其禁止辱骂粉丝。

表 13 不同话术对应的肢体语言

话术	语音语调	肢体语言
欢迎进入直播间的粉丝	激情、高昂	主播热情鼓掌 主播把手抬起来摇晃打招呼 主播在直播间做出握手的动作 主播可以从坐改为站，面带微笑，起身45度鞠躬欢迎粉丝 主播可以用一只手的拇指和食指交叉比心的动作 （以上任选一种方式）
粉丝刷礼物或者下单购买	激动、兴奋、高亢	主播满脸笑容，欠身感谢 双手合十，给粉丝们送上祝福的语言："感谢宝宝们，祝下单的宝宝们穿上咱家的服装，应聘的成功、相亲的牵手、求婚的扯证、谈业务的签单。再次感谢！"
和粉丝道别	微笑、亲切	坐着挥手，面带微笑或者起身挥手、鞠躬

56.
直播间如何运用神奇的"五步成交法"引导成交？

所谓的"五步成交法"是：

第一步，提出问题，也就是结合场景提出顾客的问题。比如，"宝宝们，夏季皮肤最重要的任务就是防晒啦，不论是用防晒衣、防晒霜还是防晒帽都可以起到一定的防晒效果"。这个环节的主要作用是铺垫一下感受，提出顾客的困扰，让这些困扰成为直播间里的活跃话题，粉丝可以就话题分享自己的感受和问题点。要注意的是，提出的问题不要过于夸张，否则将会失去顾客的信任。可以有一些真实的小抱怨，比如，"宝宝们，今天的重庆又是一个暴晒天哪。我特别羡慕那些皮肤晒不黑的人，你看我这皮肤就是一晒就变黑，虽然很喜欢夏天，但是夏天的暴晒很让我痛苦"。这个阶段更适合浅浅地提出问题，引发话题和粉丝的共鸣就算达到目的了。

第二步，放大问题，也就是把显性的问题与隐藏的问题全部放大。结合前面所陈述的问题，把不做防晒而引发的危害放大到一个高度来表达，比如，"现在从初夏到秋天还有好几个月的时间，不管怎么躲，到那个时候，我已经变成'黑人'了。话说一白遮百丑，我其实是不怕黑的，我是怕丑啊。并且，我也特别害怕紫外线伤害，严重的还会造成皮肤病"。主播巧妙地将晒黑上升到变丑,既自然又真实,还拔高到了紫外线晒伤的后果,基本将不注意防晒所引发的显性问题和隐藏问题都暴露在粉丝面前了。接下来,就该引出产品、解决问题了。

第三步,引出产品,主播做好铺垫后就可以引出产品了。比如,"防晒很重要,那么有哪些防晒的方法呢?宝宝们可以穿防晒衣啊,还有涂防晒霜、用防晒喷雾等等"。产品引出来后,不要急着详细介绍产品,要先讲这些产品能解决什么问题,把好的结果、愿景展示给大家,才能激发大家的购买欲望。主播再接着说:"宝宝们,今天主播分享的这款防晒霜,一个月卖出了上百万瓶,不仅可以防紫外线,还有补水的功效。能够一整个夏天保护皮肤,让人保持水润美白,你们期待吗?"火候已到,现在可以引出产品了。

第四步,提升高度,这时主播需要详细讲解产品。讲解时要结合产品在行业、原料、实力、售后、品牌等方面的特点,注意增加产品的附加值。这个阶段是详细讲解专业知识的阶段,让粉丝产生对产品仰视的心理状态。比如,"咱们的爱美防晒霜来自全球排名前三的集美化妆品集团,它的原料是深海海藻精华。为什么这款防晒霜在全球30多个国家,一个月内能售出上百万瓶,并且受到众多明星喜爱且亲身使用呢?因为它的原料,我刚才讲到是深海的海藻精华,海藻是来自澳大利亚未被污染的海域的深海海藻,含有丰富的藻胶酸、粗蛋白、多种维生素、酶和微量元素。这些元素对防止紫外线与补水美白非常有效,起到了深层修复与补水作用。主播用了一个月时间,也去户外徒步过,我感觉自己的皮肤没有被晒伤,保持了白皙。所以,主播鼎力推荐给宝宝们"。

第五步,降低门槛,刚才主播已经将产品的亮点突出得如此明确了,当粉丝听到价值点时,觉得产品很好,心里可能已经有了预估价格。这时,如果主播临门一脚,就极容易促成成交。此时,主播应该讲解促销、优惠，降低顾客的心理防线，促进成交。比如，"可能有的宝宝觉得这种大品牌，容量又是 300 毫升，这么大一瓶，是不是很贵呢？是的，同档次的大品牌，这样一瓶 300 毫升的防晒霜可能要上千元。今天在我的直播间里，这款原价 699 元的大品牌防晒霜，只需要 399 元。同时，还赠送一款高品质的价值 98 元的防晒帽。是不是很期待呢？宝宝们，不要犹豫了，我们的活动只到今晚 12:00 前，马上拍下，拍完就没有了呢"。

各位主播可以在介绍自己的产品时依次植入此方法的每个环节，相信会在直播间大获全胜。

这里为主播们整理了追单话术，主播们可以熟悉并运用在自己的直播里。

1.宝宝们，线上抢购的人数太多，主播以下单时间为准，请宝宝们看中就抓紧时间下单哈！

2.这条项链数量有限，如果看中了，一定要马上下单，不然等会儿就抢不到啦！

3.这次货品折扣仅限本次活动进行时间，错过了，我们就不会再给这个价格啦！来倒计时，3、2、1，没有了宝宝们，下一款要稳、准、狠啊！

4.我们这款产品只有 20 分钟的秒杀优惠，喜欢的朋友们赶紧下单啦！

5.这次活动的力度真的很大，您可以再加一套的，很划算，错过真的很可惜，囤在家里总能用上。

6.还有最后 60 秒哦，没有购买到的亲赶紧下单哦！

7.活动马上结束，来关注主播加入粉丝团，抓紧时间抢啦！

追单不是给粉丝们压力，前面已经做足了产品价值介绍的铺垫。通过上述话术可以达到追单的效果。

57.

主播如何抓住直播的重要环节？

直播带货通常有七个重要环节，通过话术的运用，这七个环节的效果都达成的话，将会直接提升销量。

第一个环节：聚人气

主播话术：拉家常，拉近与粉丝的距离，包括渲染产品的产地、历史、口碑、销量等数据，吸引眼球。

第二个环节：留客

主播在这个环节要卖关子，不讲具体产品，目的在于勾起粉丝的好奇心。比如，今晚抽奖、抽红包、送限量口红、大让利或打折，还可以号召用户互动刷屏，拖住用户。

第三个环节：锁客

通过大量的模拟产品使用场景，激发粉丝需求。提前规划好产品的使用场景，在直播过程中可以用提问的方式与粉丝互动，让粉丝自己说出产品的使用痛点（可找到适当的托儿），主播讲述产品的功效、与其他渠道对比的价格优势等，让粉丝感觉"用得上、值得买"。主播也可以现场使用产品，分享使用体验与效果、验证产品功效等。双管齐下，激发粉丝的使用需求与购买欲望。

第四个环节：举证

主播通过专家证言、权威认证、产品试验等证明产品能满足粉丝需求。出示产品三证、价位、网友好评、销量截图、大V口碑、网红推荐、官方资质、专家背书等证明产品的真实性与可靠性，进而满足锁客时所创造的用户需求。

第五个环节：说服

通过竞品分析、产品对比等方式打消粉丝疑虑，帮粉丝做选择。从产品功效、价位、成分、包装设计、促销力度、现场使用结果等角度与竞品进行对比，进而帮助粉丝排除其他选择。

第六个环节：催单

主播通过礼品赠送、折扣礼金、增值服务等引诱粉丝下单。吊足用户胃口，此时再正式宣布价格，让粉丝感觉物超所值。这时再次强调促销政策，如限时折扣、前××名购买送等价礼物等，可以激发粉丝热情，催促粉丝集中购买。

第七个环节：逼单

通过高频地提示原价与现价对比、活动期限、赠品叠加、价格逐渐台阶式下降、限量上架等，反复提醒粉丝下单。不断提醒粉丝即时销量，营造畅销局面，并重复讲述产品功能、价格优惠等内容，反复利用倒计时方式，迫使粉丝立即购买。

58. 主播如何面对粉丝对产品质量、物流或其他问题的投诉?

如果有粉丝在直播间投诉产品、服务等情况,主播一定要先安慰粉丝的情绪,以下话术可以作为安抚用语:

宝宝,主播非常理解你的心情,如果是我肯定也有相同的感受。

宝宝,先不要着急哟,我非常理解您的心情,我们一定会竭尽全力为您解决的。

宝宝,发生这样的事情,肯定给你带来了不便,我们一起积极面对。

是的,宝宝,你肯定非常委屈,我立马查实,给亲反馈啊。

看得出来您很着急……

感觉到您有些担心……

我能体会到您很生气,让我来给您提供其他的建议,您看好吗?

我能感受到您的失望,我可以帮助您的是……

我能感受得到,××情况(业务)给您带来了不必要的麻烦。

如果是我,我也会很着急的……

我与您有同感……

是挺让人生气的……

为了不让粉丝出现反感情绪，主播要改变自己的用语，做让对方感受到"舒适"的转换：

"你把我搞晕头了。"改成："对不起，我没听太明白，能否再重复一下您的问题。"

"是你搞错了吧。"改成："我觉得我们的沟通存在一些误会。"

"你听明白了吗？"改成："请问我这样解释，您理解了吗？"

"你是什么意思？"改成："对不起，我没听太明白，您能再说一次吗？"

"你必须……"改成："我建议，您看这样可不可以……"

直播带货是在一个开放的平台里一对多交流，难免会遇到粉丝在直播间提一些对销售不利的意见和问题。这时，如果主播处理不好的话，就会影响粉丝情绪，从而影响直播带货的效果。比如，"你们这个质量也太差了吧""和图片上差别也太大了吧"之类的问题，这时，如果主播视而不见，势必会影响其他粉丝的情绪，如果就此问题展开讨论，就会扩大负面影响，那主播遇到这种情况到底该如何处理比较好呢？

首先，主播应该积极回应："'美丽'宝宝说有质量问题，亲，你可以把图片发给客服看看吗？让客服给亲看看是什么问题。我们品牌的质量是杠杠的，看看是不是有什么误会呢？"客服回应后和主播交流一下，主播可以在直播间里回复，以挽回品牌形象："刚才'美丽'宝宝说到质量问题，我们客服已经回复了，裙子拉链问题，是因为'美丽'宝宝使用方法不对，我给大家示范下正确的拉拉链方法啊，是这样的，我们的视频中也有示范的。宝宝们下单前要认真看看哟，不过也很感谢'美丽'宝宝的建议，下次我们客服会再多提示一下。"

对于需要复杂售后的问题，可以让客服马上私信这位客户，根据具体情况提出具体处理方案，一定要尽快让提问题的人不要在直播间讨论类似问题。这时，如果能让超级VIP在群里唱一下赞歌就非常好了。

当然，如果顾客提的问题属实，没有凭空编造，商家一定要积极面对，及时改善，不可敷衍消费者，而且要把售后工作做得更好，提高顾客的满意度。不管是产品品质、物流和售后服务还是顾客情绪，都要高度重视，毕竟，现在获得一个顾客的成本越来越高，而失去一个顾客越来越容易。

互动

玩转直播间互动方法，促进粉丝活跃度

如果把直播带货比喻成一场演唱会，主播就是歌手，粉丝就是观众。为了让一场演出生动、气氛好，具备互动性，歌手就需要和观众进行有趣或者有意义的互动。演唱会中的互动通常是让观众一起唱、向台下扔礼物、走进粉丝群中握手，或粉丝献花等等。直播带货的时候，主播也需要和粉丝进行一些必要互动，以此增加直播间与粉丝的黏性。

我也分享

59.
用抽奖刺激消费的互动玩法

从粉丝心理的角度分析,他们大多都有想占便宜的想法,而且都盼着天上掉馅饼,自己恰好是能接到饼的幸运儿。因此,在直播的时候设计抽奖环节会对粉丝有非常强的吸引力,可以增加直播间的活跃度和粉丝的留存率。如何将直播间的抽奖活动设计得具有引导性呢?

在实体店可以玩转盘,用抽奖箱抽奖,在直播间就不方便使用这些道具了。直播间最简单的互动方法是截屏抽奖。具体规则就是:让粉丝在公屏上打出一组数字或者一句话,主播在手机上截屏,排在屏幕第一位的人为获奖者。具体操作步骤如下:

第一步,告知粉丝马上进入抽奖环节,并展示和讲解奖品的价值。奖品的价值渲染得越高,粉丝参与的积极性就越高。当然,一定不能忽悠粉丝,过分夸大,那样就适得其反了。

话术:"宝宝们,我们直播间5分钟以后开始截屏抽奖,我叫3,2,1,宝宝们扣666,截屏第一位将获得我们品牌限量版的价值388元的丝巾一条。一共抽奖6次,不要离开哟。3,2,1,开始扣666……"

第二步，让粉丝在公屏上打出一组数字或者一句话，可以是主播的艺名、品牌名、品牌口号或者主播的昵称。比如，李湘在她的淘宝直播间做抽奖活动时，让粉丝在直播间打出"湘爱一生"，辛巴在快手直播间做抽奖活动时让粉丝打出"818"等。如果你的品牌叫"唯美"，就可以让粉丝在直播间公屏上打出"我爱唯美"；主播名叫"宝姐"，可以让粉丝在公屏上打出"宝姐好棒"。

话术："粉丝们，请在公屏里扣'宝姐好棒'。"

第三步，宣布截屏倒计时。等到大家积极踊跃地参与的时候，主播就喊截屏倒计时了，这时候，截屏的手机要对着直播屏幕，这样才有公信力，避免让粉丝觉得主播是暗箱操作。截好屏后要把截屏手机靠近直播镜头，并大声告知中奖的粉丝名。规则的设计可以是整屏的人都中奖，一个屏幕一般是6个人。也可以是截屏时排在第一位的人中奖。

话术1："粉丝们，请在公屏里扣'宝姐好棒'，我们倒计时截屏哟。5，4，3，2，1，我们看看，哇！恭喜'爱上大海'获得了这一轮的丝巾，请和客服联系，留下你的姓名、手机号、地址，我们给你寄去礼物。我们一共6轮抽奖，来，下一轮，粉丝们扣起来，5，4，3，2，1……"

话术2："粉丝们，请在公屏里扣'宝姐好棒'，我们倒计时截屏哟。截屏中前6位可以获得礼品。5，4，3，2，1，我们看看，哇！恭喜'爱上大海'等6位宝宝获得了这一轮的丝巾，请和客服联系，留下你们的姓名、手机号、地址，我们会给你们寄去礼物。"

第四步，根据奖品数量和获奖规则可以多次重复第三步。主播要注意，每次都要有激情，你激情的感染力可以促使更多人参与到活动中来。

　　第五步，让获奖粉丝把收货地址发送至指定号码，可以是微信也可以是手机号，当然，最好是引导粉丝加微信，这样后续沟通更方便。不过，某些短视频直播平台（如抖音），是不支持甚至反对让粉丝加微信的，这就要灵活应对了。

60. 如何巧用有奖问答营造氛围,设计人气值奖励?

知道了抽奖活动如何操作之后,有奖问答就简单多了。有奖问答一般是指抢答,第一个答对的粉丝获奖。具体规则是提前准备好问题和答案,主播在直播间说出问题,粉丝在公屏上打出答案,第一个答对的粉丝获奖。有奖问答最关键的是问题的设计,要有引导粉丝对主播、品牌及产品产生兴趣的作用。

比如,关于品牌,可以设计出这样的有奖问答话术:

宝宝们,主播销售的"唯美服饰"品牌成立于哪一年呢,有哪位宝宝知道,在公屏里打出你的答案。

宝宝们,我们唯美服饰的代言人是哪一位啊?

宝宝们,我们唯美服饰的品牌口号是什么呀?

宝宝们,我们唯美服饰的夏装裙子里有一款经典的专利面料叫什么啊?

宝宝们,我们唯美服饰的品牌创始人是谁啊?

人气值可以是来到直播间的总人次,也可以是屏幕上飘小星星的数量。微信生态里的直播大多都可以看到总人次，只要进直播间一次就算一人次，进直播间再出去，然后再进来又算一人次。如果以这个指标设置奖品的话，会鼓励大家转发直播间链接，起到粉丝裂变的作用。如果是按照屏幕上飘小星星的数量来设置奖品，可以增加直播间的互动率和活跃度，进而增加直播间权重。因此，主播一定要不断提醒粉丝点击屏幕，给你飘小星星。当小星星或人气值达到一定数量后，就可以抽奖或发红包了。

话术："宝宝们，我们直播间如果人数达到1000人，就开始抽奖，今天的奖品是品牌提供的限量版的价值388元的丝巾一条。一共抽奖6次，宝宝们，可以拉你的朋友进入直播间哟，机会难得，现在已经899位了，还差101位，快，宝宝们。"

61.
如何设计产品拍卖促进成交？

拍卖这种方式在电商直播平台中比较常见，比如淘宝直播。它的主要功能是激发粉丝的参与感和购物的趣味性，主要规则就是在规定时间内，在基础起拍价上以固定金额数往上加价，到时间后价高者得。

在实操的过程中，大家可能会遇到这样的情况，起拍价报出去后，没有一个人加价，这时很多主播就不知道该怎么办了。其实，主动权完全掌握在主播手里。可以设计一个规则，加价3次就可以成交，如果没有人加价或者加价在3次以内，主播可以决定流拍，也可以决定成交。与之相反的就是加价的人很多，时间到了还有人在加价，而且越加越高，这时，主播一定要尊重规则，不要因为有人出价高，就违反规则，到了时间一定要截止，而且要截屏为证，时间刚到的时候，该谁拍得就是谁拍得。千万不要因为一点利益让大家觉得你不公平和不讲诚信，那就因小失大，得不偿失了。

话术1："宝宝们，激动人心的时刻到了，我们的夏装连体裤，原价699元，起拍价200元，每次加价不低于20元，两分钟内价高者得。宝宝们抓紧拍起来。这条连体裤我们从来没有做过折扣，打折季基本上就已经售空了。来，宝宝们，喜欢的拍起来。哇，'海上花'220元，'魏小宝'240元，'牛牛'260元……时间到，恭喜'夏天的爱'320元获得这条连体裤，真是太幸运了。"

话术2："宝宝们，激动人心的时刻到了，我们的夏装连体裤，原价699元，起拍价200元，每次加价不低于20元，两分钟内价高者得。宝宝们抓紧拍起来。这条连体裤我们从来没有做过折扣，打折季基本上就已经售空了。（过程中无人响应时）宝宝们，这条你们不喜欢吗？那两分钟后主播要上下一条，最后30秒，宝宝们，我再说一下这条连体裤的特色啊，真丝面料、流行黄色、款式上身飘逸有仙气，非常适合夏天去海边玩拍照呢。时间到，哎呀，宝宝们真遗憾，下次可没这个机会了，来，下一条，一定要看好啊。"

62. 如何把才艺融合在销售环节中成为个人品牌的亮点?

直播带货是一种目的性很强的销售行为，主播开播就是为了销售产品。但是，这是一个商业娱乐化的时代，一切商业都可以用娱乐业的思维来运营。因此，主播在直播带货的过程中，完全可以结合自己的特长和才艺来加强观赏性，增加娱乐感，从而提升主播的综合影响力。比如，主播会唱歌、会跳舞、会吹笛子或者会变魔术等，在直播过程中都可以给粉丝展示。那么，在哪些环节可以植入才艺展示呢？

主要有几个环节可以植入主播的才艺：直播刚开始时，做完自我介绍后；中途与粉丝互动抽奖的环节；整场直播结束的时候。

刚开播时，因为粉丝陆续进入直播间，观众数量太少，如果过早讲产品的话效果不是很好，因此，主播可以通过展示才艺，一边等待粉丝，一边增强互动，待粉丝达到一定数量后，就可以讲产品了。互动抽奖的环节可以通过才艺展示活跃气氛，增强抽奖的趣味性和活动的丰富性。直播结束时植入才艺，是希望给粉丝留下一个比较深的印象。不管是在什么环节植入主播的才艺表演，都应该提前做好充分的准备，并做好演练，比如提前准备好背景音乐、道具和人员安排等。

当然，带货主播的首要任务是销售产品，娱乐化的设计、才艺的展示，也是为了能促进销售而准备的，不要为了娱乐而娱乐，为了才艺而才艺，那样就本末倒置了。

话术1："欢迎宝宝们来到'佳人服饰品牌'丽丽姐姐的直播间，在我们开始分享产品前，丽丽姐姐想献唱一首歌曲，感谢今天支持我的粉丝们。我喜欢张靓颖的歌，送给粉丝们一首《我们在一起》，愿你们在直播间度过快乐的下午。"

话术2："欢迎走进直播间的宝宝们，感谢你们对'佳人服饰品牌'丽丽姐姐的支持，丽丽姐姐先来秀一把才艺，玩个小魔术。你们看到我现在手上拿的是佳人服饰的吊牌，来变变变，哇！怎么变成一朵玫瑰花了呢？这说明只要穿上我们佳人服饰的靓装，就一定可以变得像花一样美丽呢。"（才艺如果能和品牌相结合是最好的，可以自行设计。）

63.

不认识粉丝的名字怎么办？粉丝不断催促你讲解他指定的产品，可你正在介绍的还没介绍完怎么办？

　　主播在欢迎粉丝进入直播间或与粉丝互动时，一定要把粉丝的名字或昵称念出来，这样显得更亲切，没有距离感。若粉丝的昵称是生僻字或较复杂，主播不认识该怎么办呢？这时，不要去猜测粉丝的名字念什么，这样很不礼貌，而且一旦读错就尴尬了，正确的做法是直接告诉大家，这个字你不认识，把你认识的部分读出来就可以了，或者描述一下这位粉丝的特征，比如头像。假如粉丝的昵称叫"王小×"，这个×你不认识，头像是一朵花，你就可以说："欢迎王小什么，这个字我还不认识哟，头像是一朵花，那我就叫您'王小花'吧，欢迎'王小花'来到我的直播间。"如果对方是英文昵称，你刚好不认识这个英文，可以读出字母，比如说："欢迎走进直播间的 serious（单词不会念、不认识没关系，把字母一个一个念出来。如果字母过长，就念前三个字母，即'欢迎 ser 走进直播间'）。"

　　当主播在展示和讲解产品的时候，经常会遇到这样的情况：你正在展示某款商品时，总有一些粉丝让你展示另外的商品，因为你正在展示的商品不是他喜欢的。这时，一些新主播就容易受到粉丝的影响，比较纠结，到底是按照事先准备的流程讲，还是满足粉丝的个性化需求？这确实是一个非常重要的问题，该如何面对这种情况呢？

首先，我们应该感到高兴，因为粉丝有需求总比没有需求好，在直播间说话总比沉默好，但同时应该清醒，千万不要被粉丝的意见拉着走，因为每个粉丝的需求是不一样的，她喜欢这款，他喜欢那款，这真是众口难调。正确的做法是马上在直播间提问："这款还需要介绍吗？如果大家都说不需要，我就介绍下一款了。"这时，如果有一个粉丝说他喜欢这款，介绍一下吧，那你就要继续介绍了。

其次，主播需要灵活应对。如果这时有多位粉丝都提出让你讲解另一款产品，你就应该及时调整了。多位粉丝有同一个需求，这是成交的好时机，毕竟我们做直播不就是为了成交，把产品卖出去吗？这时，主播就不要死板地按照事先准备的流程来了。

总之，直播带货是一种一对多的销售模式，顾客情况复杂，需求多样，主播也要随机应变，灵活应对，才能满足顾客的多元化需求，促进直播带货的业绩提升。

64.
如何引导粉丝关注直播间和加微信？

仅仅是进入直播间的人还不算你真正的粉丝，真正的粉丝是关注或者订阅了你直播间的人。关注了直播间的人在你开播时会收到开播提醒。但是，你千万不要觉得，只要你的直播间有价值，粉丝就一定会关注你的直播间，有相当一部分粉丝是没有这个习惯的。只有一部分粉丝会自觉关注你的直播间，还有一些粉丝是需要你引导才会关注的。因此，我们要在直播过程中，不断提出让大家关注你的直播间的引导语。

如何有效地说出引导语呢？引导语一定要说出关注你的直播间的好处。比如，可以使用以下话术：

还没有关注主播的粉丝们，可以点一下关注，关注后就不会错过每一次抽奖和福利活动了。

大家一定要关注一下我，要不然下次就找不到主播给你们送福利了。

关注主播不迷路，主播带你上高速。

明天直播间还会抽出一名幸运免单粉丝，一定要先关注主播哦，我们不定时会有惊喜福利！

刚进来的宝宝点点关注，关注的宝宝我们会送出珍珠耳环一对哦。

欢迎"春风"宝宝来到直播间，想要更多福利的点个关注哦。

感谢"小巧"的关注，还没关注的人抓紧关注哟，每天都会给大家带来不同的惊喜福利呢。

快点关注啊，宝贝们，今晚关注到50位，主播去求老板给大家打8折！说到做到。

我们老板说了，今天关注量不到500，不许主播下班呢，大家喜欢主播或者喜欢咱们家风格的快快关注主播哟。

直播开始后，我们通过各种渠道引流粉丝进入直播间，可是直播结束后，和粉丝的互动也就结束了。因此，很多商家比较纠结，到底是应该把顾客沉淀在直播间、公众号还是主播个人微信呢？如果沉淀在直播间，只有开播的时候才能和粉丝交流、互动；如果沉淀在公众号，那基本上就石沉大海了，你在公众号发文章，粉丝不一定会看到，平时就更难沟通和互动了。最佳的沉淀粉丝工具还是主播的个人微信，微信作为一个大家都熟悉的社交软件，是相对安全、互动性较强、可以及时沟通的工具。我们该用什么方法把直播间的粉丝加到主播个人微信上呢？

这要分几种情况来说明。如果是微信生态的直播平台，比如看点直播，你可以直接在直播间提出要求，让粉丝加你的微信，也可以在直播间个人说明处直接展示微信号，因为微信生态的直播平台和微信是一个系统，可以互相导流。但如果是短视频直播平台和电商直播平台就不好操作了，这些平台之间有一定竞争关系，这时就需要主播巧妙设计加个人微信环节了。

当然，对于已经成交的客户，要加上个人微信就容易得多了，可以在发快递时放一张卡片，告知客户加客服微信的好处，或者客服主动加客户都是可以的。这里要说的是还没有成交的客户，如果加在个人微信里，就可以随时互动沟通了。具体怎么操作呢？

　　首先，我们要设计好粉丝加微信的好处，比如加微信有礼物或者有折扣券等。然后在不违反直播平台规则的前提下，可以做一个个人微信号码展示手牌，在直播间展示并告知粉丝。如果直播平台严厉禁止这种行为，那就只好做好全网营销和综合的自媒体营销布局，让粉丝在别的平台找到你的个人微信了，比如以品牌名或者主播的个人名义申请公众号、微博等方式。

65.
主播如何通过名人提升直播间的影响力？

许多传统品牌在做营销推广的时候，喜欢请明星作为代言人，也就是借助明星的名气（流量）为品牌做推广。主播也可以运用同样的方法，在直播间邀请一些名人为你站台，以此提升直播间的影响力。比如当地知名的电台或电视台的主持人、企业家、行业协会会长、演员、歌手等都是可以的。当然，如果你有全国知名的名人资源，在不需要太高成本的前提下，都是可以考虑整合的。总之，要结合自身资源情况和营销费用预算情况来推进这项工作的开展。

不管请谁来到你的直播间助阵，都要事先设计好主题和流程，而且要提前做好预热和宣传工作，让更多的人知道，这样的活动才有价值。

通常，可以设计三个环节来促进销量。

请嘉宾做顾客见证

我们邀请的嘉宾，一般都是比较有影响力的，至少在当地比较有影响力。因此，当嘉宾在直播间真诚地赞美公司、赞美创始人和分享自己使用产品后的良好感受的时候，一定会给直播间其他粉丝信心，对促进销售非常有帮助。当然，邀请嘉宾来直播间之前，一定要让嘉宾认真体验我们的产品，并把我们的产品说明书详细展示给嘉宾，亲自与嘉宾电话沟通产品的优点，避免所邀嘉宾在直播间聊到产品时，说不出产品特点的尴尬。

主播话术："今天我们的直播间因为邀请到×××而蓬荜生辉，虽然×××大家都很熟悉，但是我还是要荣幸地介绍一下×××。他是……今天能和×××一起直播，主播真是太激动了。同样的，×××也是我们品牌的粉丝，他今天穿的服装就是我们品牌的，是不是非常突出嘉宾的魅力呢？我们请×××来介绍一下和我们品牌的故事吧。"

嘉宾话术："非常感谢艾多多服饰的邀请，的确我今天这身服装是艾多多今年的新款，我穿上这套服装，参加了我女儿的毕业典礼，被老师、同学和家长们赞美了。他们说我特别亲切、有气质，真的让我非常开心，我和艾多多服饰结缘6年了，几乎每一季的新款，只要适合我的我都会购买。他们家服装最大的特色是款式很有国际范儿，特别时尚，但是并不浮夸，工作、生活和休闲时都可以选择到合适的款式。今天作为艾多多的粉丝，我也很荣幸和主播一起介绍品牌。"

主播话术："正因为我们请到了非常知名的×××参加直播，所以今天在直播间的宝宝们真的有福了。你们全场单品8折优惠，同时购买产品的宝宝还可以获得×××嘉宾亲笔签名的星球日记本一册。是不是很惊喜、很开心呢？所以，请粉丝们关注主播直播间，我们艾多多品牌会经常邀请不同的嘉宾并且举行福利活动。"

邀请嘉宾促销

当我们在直播间与嘉宾聊公司、聊产品、聊生活的时候，一定不要忘记主要任务是销售产品。因此，我们可以让嘉宾扮演主播，做几轮特价促销。当然，我们要提前准备好产品和价格。产品一定要选择畅销款，价格一定要比平时在直播间的销售价格略低一点，这样才能显示出嘉宾的分量和对粉丝的价值。

嘉宾主播话术："虽然我第一次做主播不太有经验，但是我也为今天的粉丝们送上了自己的心意。凡是今天在直播间里下单的粉丝们，赠送品牌价值69元的丝袜一双，让你靓丽一整夏。粉丝们一定不要错过哟。"

邀请嘉宾抽奖

所有的环节中，最激动人心的就是嘉宾给粉丝们抽奖了。抽奖的具体操作前面已有讲解，这里就不赘述了。要特别提醒的是，奖品一定要有价值，规则一定要宣讲清楚。整场直播可以设计两次至三次抽奖。

主播话术："我们今天特别邀请×××嘉宾抽奖，借您福气的手，抽出6位幸运粉丝，每人可获得价值688元的品牌今春新款法式单肩包，我们来看看幸运落谁家。请各位粉丝在直播间里扣666，我们手机截屏给粉丝们看啊。"

66.

如何提高直播间的权重?

在商场里开过店的朋友都知道,如果你的店人气高、营业额高、服务和售后很好,那么商场管理方就会给你很多政策扶持,甚至会把你的店调到人流量大的位置,因为你可以为商场创造更大的价值。同理,如果你要得到直播平台更多的流量和扶持政策,那么你的直播间一定要成为高权重的直播间。什么样的直播间才算高权重直播间呢?不同直播平台的规则有所差别,但归纳起来,大体上有以下五个要素。

互动率强

互动率是指粉丝在直播间留言的比例,如果你的粉丝进入直播间后都不说话,只静静地听你一个人讲解,官方平台就会判断你的直播间互动率为0,从而不再给你推流量,你的直播间人气就会越来越差。因此,我们要不断引导粉丝在直播间留言、说话。当然,如果你向粉丝问一些开放式问题,也是很难得到回应的,比如,"大家有什么需求,在直播间说出来,我来给大家解答",这样粉丝就会觉得很麻烦,而不愿意回应。应该问一些封闭式问题,或者让粉丝不用打太多字就能回答的开放式问题,大家就会和你互动。比如，"大家想参与接下来的抽大奖活动的，请在公屏上打1"，或者"产品品质是决定一个品牌能走多久的核心要素，同意的打666"，又或者"大家是不是希望折扣再低一点？希望的请回8"，等等。这样，只需要粉丝打数字或者"是""否"这种简单的文字，大家就愿意和你互动了。粉丝互动输入文字的次数越频繁，平台给你的人气流量就会越高。

留存率高

留存率就是粉丝在你的直播间停留的时间。如果粉丝进入你的直播间后，10秒不到就立刻离开，说明什么问题呢？说明你的直播间没有吸引力。当然，我们不可能让所有进直播间的粉丝都对我们产生兴趣，但至少可以将一部分粉丝留在直播间超过5分钟吧，这样平台才会给直播间更高的人气流量。如何才能留住粉丝，让粉丝在你的直播间多待一会儿呢？

首先，主播一定要欢迎每一个进直播间的粉丝，并把粉丝的名字（昵称）叫出来，这样粉丝就会有一种亲切感，想要留下来看看你到底要做什么。然后立刻把本场直播的福利活动和政策讲出来，比如什么时候抽奖、赠送什么奖品之类的，这也可以吸引一部分粉丝留下来。当然，另一个重要的因素就是主播个人的魅力了，你的状态、声音和整体的感觉如果到位，就能吸引更多的粉丝停留。比如说做服装的主播能够快速穿搭换装，巧搭饰品、包包；化妆品主播能快速打底，激情讲解使用效果；电器的主播能清晰地介绍电器使用方法与步骤；环环相扣，每句话都能说到顾客的心里，再加入一些搞笑的、轻松的语言元素就更好啦。

比如服饰主播话术："宝宝们，一定要看到最后啊，我们今天将会呈现6套款式，最后会有一轮红包雨。不要离开，每5分钟，我们还有一轮抽奖,宝宝们还在吗?还在的请扣1。"不断介绍接下来的精彩,让粉丝不要离开;不断地提出有好处,让粉丝不会因为需要长时间等待而离开。

关注率高

前面提到,仅仅是进入直播间,但没有关注你的直播间的都不算真正的粉丝,你一定要引导大家关注你的直播间。关注你直播间的人数越多,平台就会判定你的直播间价值感更好。当然,有一些直播平台还推出了"粉丝团"计划,就像是加入你的社群一样,加入"粉丝团"的粉丝就相当于成了你的自己人。因此,主播在展示和讲解产品的同时,一定要不断提醒粉丝关注你的直播间或者加入你的粉丝团。有的粉丝没有这个意识,需要主播的提醒,而且是反复地提醒,他们才会做关注和加粉丝团的动作。更有甚者,连在哪里点关注、在哪里点击加入"粉丝团"都要主播提醒,主播一定要有耐心,毕竟这是一种全新的购物渠道,需要慢慢教育和引导。

主播话术:"宝宝们,关注主播不迷路,主播带你上高速。关注下主播,主播下次开播你就会收到提醒,你就能找到主播了。请点击你手机屏幕的左上角有个小红星的地方,点击一下就可以了。感谢'丽丽公主'关注主播,今天关注主播并下单的宝宝,主播额外赠送天然珍珠胸针一枚。"

"宝宝们,请加入主播的粉丝团,加入粉丝团以后会得到主播更多的关注与回应哟。我们对粉丝还有不同的福利。点击屏幕左上方红色小星旁边,就能成为粉丝团成员了。"

成交率高

这个指标就比较好理解了,就是你直播间的销售额。很多直播平台每周都有成交额排行榜，根据不同的排名还会有一些流量扶持。这要主播自己根据所选择的直播平台去努力争取了。不管上没上排行榜，也不管有没有奖励，做大成交额，都应该是主播的目标，值得我们全力以赴去实现。

违规率低或者为零

直播间作为一个新型的传播渠道，需要遵循国家相关职能部门和各个直播平台的行为规范及制度要求。敏感话语、敏感词是不能出现在直播间的。比如，全网最低价、销量第一、最好、国家级等，还有一些涉及色情、血腥暴力、政治等敏感话题也不能在直播间表达。作为一个带货主播，你一定要好好学习《广告法》及直播平台的相关规定。如果你违规了，平台会根据具体的违规情况对你加以处罚，轻则限流、降权，重则直接封禁直播间。

如果以上五个方面你都做得很好，平台会给你导流，你的直播间的公域流量会越来越多，人气会越来越旺。至于这5个指标到底达到什么程度，平台又导流多少，得根据不同的平台规则而定。所以，我们去哪个平台直播，就要先学习相关平台的规则。

67.

让粉丝学会联系客服私信、引导粉丝互动抽奖、引导用户点击转化粉丝、引导粉丝连麦互动、引导粉丝使用优惠券的话术

引导粉丝联系客服私信的话术：

亲们，点击右下角私信，发送"××（暗号）"给客服，抢限量×××！名额仅10个，手慢无哦。

参与直播抽奖中奖的宝宝，请点击右下角私信按钮，私信客服领取礼物哟。

刚才没有领到优惠券的宝宝们，我再说一遍：私信客服！私信客服！优惠券还没有发完，还剩余30张，赶紧私信联系客服小姐姐发给你哦。

Hello，宝宝们！接下来直播中如果我有哪里讲得太快或者没讲清楚的地方，有疑问一定要点击右下角私信按钮，联系客服小姐姐，小姐姐一会儿给你们解答哟。

刚才中奖的××宝宝，请尽快点击右下角私信，联系客服领取你的礼物哟。

抽奖引导话术（截屏抽奖）：

各位宝宝注意了，今天直播抽奖的奖品真的真的是超级丰厚的哟。要是我没在直播，我真的也好想参与呢！

恭喜宝宝"莉莉姐"中奖啦，你真的是太幸运了吧。天哪，我都好羡慕你哟。赶紧点击右下角的私信，联系客服吧。

小姐姐领取奖品了哦，没有抽中奖品的宝宝们，也不要走开，直播最后会送0元拍免单大奖哟。

下一次抽奖将在20分钟以后，9点钟准时进行，会送出"美妆大礼包"，宝宝们千万不要走开，中奖机会有10个，宝宝们千万不要错过哟。

宝宝们注意了哟，开始抽奖倒计时了啊。5！4！3！2！1！让我们看看是哪位幸运粉丝可以获得我们的礼品呢？

再过5分钟就要开始抽奖了哟，大家千万不要走开，快拉你的老公来一起刷屏哟，中奖概率翻倍呢。

如果有购物券，则可以用这样的话术：

今天的抽奖，大家千万别错过哟，中奖概率超高，宝宝们观看直播60秒以后，点击右上角"立即抽奖"，有机会抽到100元购物券呢。

在直播的过程中，需要注意引导用户点击转化粉丝，具体话术可参考：

宝宝们如果想要了解更多优惠信息，一定要点击屏幕右上角红色按钮，关注主播进入主播粉丝群，或者直接点击宝贝，查看宝贝链接下方红色字，有详细说明哟。

今天的活动这么给力，大家一定要购买，不要怪我没有提醒宝宝们，今天没有购买真的会后悔。

今天是我们优惠活动的最后一天,宝宝们一定要抢占名额,错过今天就没有了。

如果宝宝们还没有想清楚要不要拍、什么时候拍,完全可以先点击收藏加购,或者先提交订单把优惠机会抢下来!

宝宝们,购买抢福利的名额限量前10名,先到先得哟,目前还剩3位,赶快点击左下角购物袋按钮抢先购买哦。晚了真的就没有了。

前10名购买的宝宝加赠空调被一床,再说一遍,前10名购买的宝宝加赠空调被一床哟!礼品有限,先到先得啊。你有什么理由拒绝额外加赠的福利呢!

宝宝们,咱们现在后台咨询客服的宝宝非常多,如果客服没有及时回复,宝宝们可以先提交订单,稍后会有工作人员为你提供服务哦。

所有购买了产品的宝宝们,咱们会在直播结束前,在购买产品的粉丝中抽出我们的惊喜大礼"限量雨衣一套",所以一定要赶紧抢占名额哦!

宝宝们手速太快了吧!这一波优惠券已经领完了,但是老板答应如果点赞到2000,再加20张优惠券给大家,宝宝们赶紧点击右下角。

直播的过程中,还可以连麦粉丝,具体话术可参考:

现在我们要现场连线一位幸运用户,送出围巾一条,想要获得礼品的宝宝请在我倒计时后赶紧点击右下角连麦按钮。手速第一名的宝宝可以获得大礼哦。

有任何问题想要问主播的宝宝都可以点击右下角的连麦按钮,主播会跟你一对一在线解答哦,连麦成功还可以获得我们服饰店提供的时装项链一条。

刚才主播说的我们的服装面料来自哪里,这个问题的答案还有宝宝记得吗?现在抢答开始!记得答案的宝宝请点击连麦在线回答,如果答对就可以获得咱们的连麦大礼哟。

新人宝宝们在挑选连衣裙时会有很多的疑问,所以本期的主题就是如何搭配夏装连衣裙。欢迎大家点击右下角的连麦按钮,跟主播连麦交流,提出你的疑问,主播会选择问题最走心的一位宝宝送出我们品牌的时尚包一个哟。

Hello 宝宝们,现在开始前 5 位成功连麦的幸运儿,可以获得买 200 省 100 的重大优惠哟。并且优惠永久有效,对新品也有效。名额有限,请大家点击右下角的连麦按钮。想要主播选你的,请在评论区扣个 666,让我看到你哟。

直播的过程中,也可以引导粉丝使用优惠券,具体话术可以参考:

想要 30 元优惠券的宝宝注意了,接下来这张优惠券,你一定要抢到哟。

优惠券数量有限,等我倒计时后就开始发送,限量 10 张,拼手速的时间到了。

刚进直播间的宝宝,没有领到优惠券的,请赶紧私信客服领取,直播专享优惠券,错过真的要等三年了。

大家看到左上角的绿色按钮了吗?点击进去可以领取 ×× 优惠券,限时 ×× 分钟,之后再想领就没有啦,大家先领先得哟。

咱们这个优惠券是直播间专享的福利,其他任何地方都是没有的,主播是去找老板聊了好久才申请下来的,仅限 10 张,大家千万不要错过哟!

宝宝们手速太快了,这一波优惠券已经全部领完了,没领到的宝宝没关系的,下一波还有 10 张,会在 30 分钟后再派送哟,大家千万不要错过啊。

68.

如何涨粉?

如何利用直播间的互动起到涨粉的作用呢?让我们来学习互动与涨粉的方法吧。

不管是微信公众号、抖音还是淘宝,如何涨粉和提升观看量都是我们面临的重要话题。有许多主播直播开始时热情满满,后来发现居然很少有人观看,虽然直播不是比人多,而是看能卖多少货,但流量仍是非常重要的指标。如何通过互动提升流量呢?我们以淘宝直播举例,该平台有几种重要的提升流量技巧。

直播时长

平台规定一周直播要达到 5 天以上才会有浮现权,每次直播时长不低于两小时,一个月要播满 50 个小时,同时直播时不能出现其他平台的链接,不能做违法乱纪的事情。坚持下来才能累积人气,主播要学会在直播过程中引导粉丝关注直播间,同时引导粉丝赠送虚拟礼物,这些方法都可以给直播间加权。主播还要全程引导粉丝增加互动点赞频率,比如主播会时不时说"知道的宝贝请扣 1""喜欢的宝贝回复 666"。直播过程中,主播可以用红包、优惠券、包邮、秒杀、满赠等活动增加人气和留存率。

非黄金时段积累人气

大主播已经占据了黄金时段,比如晚上 8:00—10:00,而刚入行的主播没有太多人气,则可以利用非黄金时段来冲人气,比如早上 6:00—10:00、深夜 12:00—3:00 等,这些时间段开播的主播少,平台会将更多流量输出给开播的主播。

选择合适的商品

选择合适的商品是提升人气的关键。主播要选择出平台粉丝喜爱且高下单量的产品,价格尽量控制在低价位,可以用 100 元以内的刚需产品作为引流品。

站外引流

主播可以在微信和微博、论坛中发出直播信息,引导流量进入直播间。从微信和微博来的粉丝大多对主播有一定了解,更容易引发互动,一定要有互动的公屏刷屏与点赞、打赏,这样才能触发平台的引流机制,引导平台给予更多的流量。

红包、抽奖、秒杀

首先,不定时发红包。粉丝不知道什么时候发红包时,就会主动等待。不定时发红包,目的是拉高人均在线时长,增加直播间的权重,让系统不断地增加粉丝推送量。有条件的主播可以准备 1000 元,或者 10 万个平台虚拟币来发红包。有些主播担心这样做招来的粉丝并不精准,认为这些粉丝都是贪便宜才来的,是想抢红包才关注的,抢完就跑掉了。这里要特别说明，这个方法对新主播特别有效，新主播是先有流量后有销售额的。因此这种方法特别适合新主播增加账号活跃度与权重。新主播可以计算一下，如果此方法转化率按5%或者15%计算，或者按平均10%计算，直播间累积了100～200的粉丝。算一下一天的投入产出比，花了多少钱，转了多少粉，完成了多少销量。这样就能相对精准地测算出获取一个粉丝的价值与实际收入的比率了。

其次，抽奖。除了截屏抽奖外，还可以多用"有利于提高直播间数据"的高级玩法。比如策划一个"找碴儿"活动，主播可以要求粉丝们找出众多编号的宝贝里面错别字最多的一款，送礼物一件，这样一玩，每款宝贝的点击量就有了，每款宝贝的停留量也有了，直播间的停留量也有了，这种方法是不是比直接评论区刷抽奖要好很多呢？

再次，秒杀。好产品和好福利通常都会让粉丝尖叫，有的人喜欢秒杀，有的人喜欢优惠券，有的人喜欢限时，这就要看直播的时间了。如果直播时间和大主播的直播冲突，那就可以玩秒杀，能当即刺激粉丝，让他们做出立即成交的行为，也能带动直播间的流量。

我们来总结一下高流量和高成交的直播间的共同特点。

一是及时回应：主播能够积极、主动地回答每一个粉丝的问题并及时回馈评论。

二是干货分享：专家型的主播能分享干货知识，介绍宝贝特点，介绍时不是说明书式念完，而是有针对性地给粉丝建议。

三是风格独特：主播有幽默的风格、个性化的特点，表达流畅，或者幽默，或者有亲和力。

四是互动权益：粉丝能享受到优惠券、抽奖、红包等时时小惊喜，或者大优惠。

五是颜值吸引：主播不一定是长得漂亮的人，关键是要有特点，能在第一时间获得粉丝的关注度。

以上方法，主播如果能够持之以恒，相信直播间粉丝从零到上万或者百万不是梦。

运营

直播不是一个人的战斗,而是团队的协作

当我们做好了直播的所有准备、练好了直播的各种技能后，直播间的运营就显得格外重要了。从某种程度上说，直播间的运营是一个品牌能否持续在直播间产出效益的关键环节。这就像品牌的营销工作一样，要把直播间推广出去，让更多粉丝知道。要研究各种直播平台的涨粉机制和直播规则，才能更好地为直播间引流，提高直播间的关注率和转化率。

如果商家自己要做直播，应该做好哪些工作？

（1）找到适合品牌产品的主播，符合产品形象。

（2）外部合作的主播需要熟悉产品、品牌与企业文化，与企业气质相匹配。

（3）最好挖掘自己的主播。

（4）直播运营人员，每个人要掌握多种技能：写策划、看数据、写商品卖点、设计直播活动。客服工作一定要做好，千万不要外包；客服人员对直播间的内容和玩法一定要相当熟悉，不要一问三不知。

我也分享

69. 如何做好直播预热和推广策略？

直播间就像是线下的一家门店，要让更多顾客知道并走进店铺，是需要做一些必要的推广的。比如需要做一些广告、印发一些宣传单、优化店招、布置橱窗、店员揽客、微信朋友圈推广等。如果想要提高直播间的人气，也需要做一些推广，开播前的预热就显得非常重要。究竟该如何预热和推广直播间呢？

不同的直播平台，预热和推广的方法也不同。短视频直播平台和微信生态直播平台，主要就是短视频预热和微信朋友圈预热。接下来我重点给大家分享一下短视频预热和朋友圈预热的方法。

短视频预热

顾名思义，就是在直播前发布短视频，在短视频的文案和标题上写清楚什么时候有直播、进直播间有什么好处。这种方法主要适用于像抖音这样的短视频直播平台。一般直播前 2 小时发布短视频效果最好，无论作品流量多少，都可以从短视频引人气到直播间。

那么，究竟什么时候开始发布短视频，发布什么样的内容呢？一般来讲，在直播前两天，每天发布一条作品就可以了，太早发布，粉丝也不会记住你开播的时间的。提前两天比较合适。视频的内容要结合产品和主播本人的特点，以及账号的作品风格来定，总而言之，根据你账号的属性，怎么能获得高流量怎么发。因为有了高流量才有更好的曝光度，当然，你的作品的所有流量，都是短视频直播平台官方给你的。那平台为什么要给你流量呢，或者说平台怎样才能给你更大的流量呢？这取决于你的作品是否优质。平台不一样，对优质作品的界定和评价标准也不一样，总的来说，与视频的画面是否清晰和稳定、视频所配的音乐是否热门、标题文案是否打动人心、视频内容是否有价值等因素有直接关系。因此，我们要仔细研究和学习各个短视频平台的规则，拍出优质的短视频作品，获得平台推荐，从而获得更大的流量，才能更好地为直播间引流和推广。

朋友圈预热

朋友圈预热，就是在开播前，通过微信朋友圈把消息发布出去，让更多好友关注或者订阅你的直播间。那么，朋友圈预热该在什么时候开始，又该发些什么内容呢？

一般来讲，开播前 5 天开始朋友圈预热比较好，因为现在的朋友圈信息到达率不太高，你发一条信息，能看到的朋友非常少，所以，提前 5 天，每天发布 3 条信息，提醒微信好友关注和订阅你的直播间，必要时候可以群发消息给好友，但不能过于频繁地群发，否则就会打扰到你的好友，得不偿失。通常最佳发布时间为早上 6:00—7:30 发给上班途中的人看，中午 12:00—1:30 发给午间休息的人看，下午 5:30—6:30 发给下班路上的人看，晚上 8:00—9:30 发给躺在床上休息的人看，晚上 10:00—11:00 发给失眠无聊的人看。

最后重点要说的是朋友圈的发布文案和内容了，这直接决定了你的好友是否要关注和订阅你的直播间。归纳起来，主要有三种文案方法：

一是设置悬念法。

设置悬念就是要激发大家的好奇心，让大家想要去看看你到底在直播间播些什么，有什么新的玩法等。比如罗永浩在抖音的直播首秀，就设计了一个直播倒计时海报，值得大家借鉴。

倒计时 5 天
如果不是全网最_____，
怎么会让上千万人
挤在一个屋子里买东西？

倒计时 4 天
如果不能帮忙节省更多的_____，
怎么会让有事做的人
也在这里待上好几个小时？

倒计时 3 天
如果没有大量的发_____，
怎么会让路人也兴奋得
大呼小叫？

倒计时 2 天
如果不能涨_____，
怎么会让这么多的人
花了钱之后还心怀谢意？

倒计时 1 天

如果不是全程都_____，

怎么会让不买东西的人

也舍不得离开？

海报在各个平台发布出去之后，引发了大量粉丝的好奇心，都想进直播间看看到底讲些什么、卖些什么，有什么好玩的或者有什么好处，所以这场直播取得了空前的成功。当然，一场直播的成功主要取决于主播提供的内容和价值，文案只是锦上添花，但也不可低估了文案的价值。

再比如，可以写神秘大咖助阵、超级产品发布之类的文案，当然，一定要有那么回事才行，凭空捏造和欺骗粉丝是绝对不可以的，那样就会失去粉丝的信任，适得其反。

二是设置福利法。

消费者基本上都有占便宜心理，所以传统线下商家推出的进店有礼、扫码送礼、促销赠品等往往特别吸引顾客，尤其是女性顾客，甚至有顾客为了赠品买产品的情况发生。因此，直播间设置一定的福利是具有吸引力的。

周五晚 8 点

只要进入直播间

即可领取精美礼品一份

主播首秀

多重豪礼送不停

一年仅此一次

品牌创始人×××
亲临直播现场
抽出属于您的万元大奖

周年巨献
感恩回馈
全场1折起

三是开门见山法。

当然，除了采用前两种方法预热外，也可以单刀直入、开门见山地告知大家，进直播间可以看到什么、学到什么。

又到换季了
你的衣柜永远少一件衣服
来我的直播间
有你想要的

×月×日
××品牌新品发布
敬请期待

×月×日
晚8点
来我的直播间
教你如何识别真假红酒

以上就是主要的直播预热的方法，当然，你也可以让铁杆粉丝帮你转发和宣传，或者在原有的 VIP 客户群中传播，让其有奖转发等等。用这些方法进行预热，会加大粉丝的关注度和热情。作为主播，你就得做好准备，策划好每一个细节，等待开播时间的到来。

70.

如何做多账号运营和多平台运营？

一个直播间运营成熟后，就可以进行多账号运营。如果是公司行为，可以发动员工开设多个账号，由一个主播进行直播。这样可以扩大影响力，增加粉丝量，从而提升销量。具体怎么操作呢？

首先注册账号。目前，很多平台都是一个身份证只能开通一个直播间，有的直播平台可以用公司营业执照来开通直播间，一个营业执照可以开通三个直播间。如果是个人主播，可以让家人帮忙申请直播权限，由一个人直播也是可以的。不过，一定要仔细了解各个平台的直播规则，避免因违反规则被官方封禁直播间，那就不划算了。

然后需要购买多机位直播支架，把需要做直播的手机全部放在一个支架上。这样的手机支架非常多，有双机位的，也有4机位、8机位的，可以根据自己的需求购买，安装也非常简单。

最后就是开播了。在面对多机位直播的时候，主播往往不知道该看哪里。只看一部手机吧，又怕冷落了其他手机直播间里的粉丝，所有手机都看吧，又有点忙不过来，有些手足无措。那到底该怎么办呢？其实，最好的方法就是从直播间粉丝多的到粉丝少的逐一看过来，每看一部手机都要与该手机直播间里的粉丝互动，欢迎他们进入直播间，同时按照事先准备的内容流程播下去。

当我们把一个平台的直播，从一个直播间到多个直播间打造好后，就可以考虑多平台运营了。多平台运营是非常考验直播团队的实力的，除了主播要非常优秀外，对运营团队的要求也非常高。毕竟，不同的直播平台，流量机制不同、平台规则不同，目标受众的特点也有所差异，要想把各个直播平台都研究精通实属不易。尽管如此，为了把直播事业做大做强，再难也值得大家去努力和尝试。

关于如何选择直播平台，各个直播平台的优劣势和特点我在前面已经讲过，就不再赘述了，我主要想分享的是，一定要先做有公域流量的平台，再做私域流量的直播平台，因为私域流量很快就会枯竭，唯有公域流量是取之不尽、用之不竭的，只要你研究透了平台的规则、优质作品的考核指标和流量推荐机制，做起来就非常简单。如果一开始就做像看点直播这样的以私域流量为主的微信生态的直播，对于没有多少私域粉丝的主播来讲，是非常艰难的，除非你本来就在自媒体领域耕耘多年，或者在传统商业里积累了大量私域粉丝，那就可以先做私域流量直播，激活老用户，为公域流量平台的直播打下基础。

当然，多平台运营还有一个好处，就是不把鸡蛋放在同一个篮子里。在这个商业模式多变的时代，很难说哪个直播平台就一定能基业长青，分散风险总是好的。

71. 如何通过短视频增加直播间人气?

前面我们讲了如何预热和推广直播间,其中讲到了短视频预热。这里主要讲一下短视频的推广方法。

对于短视频直播平台来讲,短视频作品的发布对增加直播间人气来说非常重要。如果一个作品上了官方热门,少则有几百万的播放量,多则有几千万到过亿的播放量,这时你再开直播,直播间一定有几千、几万甚至几十万的粉丝在看你直播。如果你销售的是客单价在几十元或者一二百元的产品,其销售数量提升了,整体销售额会是非常可观的。至于如何才能得到官方的推荐上热门,这是一门很深的学问,我为此研究了整整一年时间,才把目前所有短视频平台的规则和热门机制基本研究透彻,但也不敢说100%研究透,因为我自己发布作品也未必每条都能上热门。因此,如果大家要通过短视频来为直播间引流,一定要沉下心来,好好学习平台规则、热门机制、输出价值,用心做好每一条作品,才能达到好的效果。

当然,如果你发布的作品没有得到官方的大流量支持,上不了热门,难道就没有别的方法推广一下吗?当然有。比如抖音平台,如果在你开播的时候,之前发布的作品没有上热门,你就可以选择一个点赞数较高的、价值感比较突出的作品，花钱买"豆荚"（DOU+[①]），这样，官方就会把你的作品推荐给更多人，100元人民币大概可以获得5000人左右的曝光量，也就是有5000人会看到你的作品。我们可以算一下账，如果5000人看到你的作品，1%的人进入直播间，就有50人进入你的直播间，直播间留存率50%，有25人留下来看你的直播，成交率20%，有5个人成交。那么，在每个顾客身上赚20元，成本就回来了。要是每个顾客赚100元呢？就净赚400元。这还是一次性收益，要是把顾客变成超级VIP，持续购买你的产品和服务呢？那就赚大了。不少商家通过视频投放豆荚的方式推广引流，目前抖音还运用了千川付费流量的方式，玩转流量可以帮助你赚得盆满钵满。因此，通过短视频为直播间引流的方法值得大家用心琢磨并大胆尝试，一定会有意想不到的收获。

[①] DOU+是为抖音创作者提供的视频加热工具，能够高效提升视频播放量与互动量，提升内容的曝光效果。

做好短视频定位的方法

既然短视频的价值这么大,对于商家来说,究竟该拍什么类型的作品呢?究竟该如何定位才能通过短视频起到为直播间引流的效果呢?

要做好短视频定位,先要明确一下短视频平台的商业价值和主要功能。以抖音为例,首先,它是一个打发无聊时间的娱乐工具。很多朋友都说,本来准备刷 20 分钟的,结果刷了两小时甚至更长时间。有的学生甚至告诉我,工作忙的时候要把抖音 App 卸载了,等闲下来时再下载。因为如果不卸载的话,根本控制不住要打开它,一打开它就停不下来,很浪费时间,导致工作没办法按时完成。可想而知,短视频多有魔力。不过,大多数人都把它当作一个打发无聊时间的娱乐工具而已。其次,抖音是一个记录美好生活的工具。有相当一部分人把抖音当成微信朋友圈,随时用它记录自己的生活,比如家里宠物的日常、全家人出去旅游的美好时光,或者朋友聚会的感动时刻等,想发什么就发什么,没有主题,也根本谈不上定位和垂直,完全把它当成微信朋友圈的升级版。可想而知,这样发布作品的方法,当然得不到官方流量的扶持了,播放量基本都在几百,最多几万。当然,这不是我要讲的重点,我要讲的是抖音的第三个功能,它是商品流通和品牌推广的重要渠道。

其实，商贸流通行业的两个重要因素就是流量和渠道。哪里有流量，哪里就是商品流通的渠道。老百姓喜欢逛商场，商场就是主要渠道；老百姓喜欢逛淘宝、京东，电商平台就是主要渠道；老百姓喜欢刷微信朋友圈，微信朋友圈就是主要的渠道；当老百姓喜欢刷抖音的时候，抖音就是主要的渠道之一。那么，老百姓有多喜欢刷抖音呢？

我们来看一组数据：2020年年初，据相关机构的统计数据，抖音App下载量已经突破9亿，日活突破4亿，平均每人每天打开抖音的次数是19次，平均每人每天刷抖音的总时长是59分钟。不知道你从这份数据中看到了什么，你在国内看见过有什么App能有这么高的活跃度吗？是什么样的魔力让老百姓如此喜欢它，我想，这就是抖音的价值所在吧！

那么，抖音输出了怎样的价值呢？

归纳起来，抖音上的作品主要有五种价值。

第一，娱乐价值。让观众看了开怀一笑或者捧腹大笑，一些搞笑的情景剧、有特色的方言，或者幽默的段子，都有这样的效果。

第二，观赏价值。人人都喜欢美好的事物，比如美景、美人、动听的音乐和优美的舞蹈。这就要根据每个人的特点来规划作品的方向了，毕竟不是每个人都能拍出美好的画面，唱出美好的音符，跳出优美的舞蹈。

第三，共鸣价值。就是别人看了你的作品，能引发同情、感动、震撼等情感上的共鸣。比如正能量的作品、孝敬父母的场景、助人为乐的故事情节、艰苦奋斗、不折不挠的精神、无私奉献的爱国主义精神等，都可以达到这个效果。

第四，知识价值。这个非常好理解，就是讲解某一个领域的专业知识，比如法律知识、会计知识、汽车知识、装修知识、育儿知识等。当然，你不能像线下沙龙和大型讲座那样讲解，要转换成短视频的语言结构和语言逻辑，视频的时长控制在 30 秒左右。

第五，新闻价值。就是亲眼看见社会上的一些突发事件，新、奇、特的见闻，或者某些第一手资讯。当然，一定不要去转发没有经过证实的虚假消息。最好是自己亲眼所见，包括自己的旅游日记，以纪录片的形式记录下某一段经历等都可以。

相信看到这里，你应该知道怎么给自己的短视频内容进行定位了吧，一句话总结就是"忘掉广告，输出价值"。

尽量不要直接在抖音平台上发布公司和产品的硬广告，要输出价值。大家试想一下，如果所有商家到抖音平台上发布产品广告，还有人愿意刷抖音吗？我想，连你自己也不想刷抖音了吧，所以针对商家的定位就是价值定位，你到底能带给观众什么价值。比如，你是做服装的，就不应该一上来就介绍你家的服装面料有多好、款式有多新、价格有多便宜之类，而是通过拍摄短视频，告诉大家服装应该怎样穿搭，夏天怎样穿、胖的人怎么穿显瘦、身材矮小的人怎么穿显高；如果你是做化妆品的，就应该通过拍摄短视频告诉大家，痘痘肌该怎样保养、有哪些简单的办法淡化皱纹、什么样的面膜是好面膜等；如果你是做餐饮的，就应该每天教大家做一道特色菜，这就叫价值定位。那么，你的价值是什么呢？在短视频领域里，要有"利他精神"，才能有所回报。

73.
如何做短视频的剧本策划、拍摄？

当你想好了短视频的价值定位以后，接下来就可以开始写剧本了。概括起来整个剧本包括音乐、标题和文案、视频拍摄、演员台词等环节。视频拍摄又包括人物妆容、服装道具、拍摄场景等环节。在拍摄之前要对这些做好充足的准备。

如果你选择了短视频直播平台，拍出符合平台要求的短视频就显得尤为重要。不过，直播平台的短视频不用像纪录片或电影那样高标准、高要求，只要做到平稳、清晰和有所变化就可以了。

平稳

现在大多数创作者都用手机拍摄，如果没有经过专业训练，手难免会抖动，拍出来的视频画面就会不稳。如何才能拍出画面平稳的视频呢？首先是要善于借助工具。如果是拍摄一些静态视频，可以利用拍摄手机支架，把手机固定在手机支架上，画面就不会抖动了。如果需要拍摄动态视频，比如模特走秀、户外移动场景等，就可以运用手持稳定器，也叫"云台"。不过，需要花点时间来认真学习和反复练习，才能掌握手持稳定器的运镜技巧。

当然，如果你一定要用手持手机来拍摄，如何做到画面平稳呢？方法也很简单，就是双手和身体定好姿势和角度后，手肘、手腕都不动，让整个身体移动来变换拍摄角度，这也需要不断地练习才能掌握其中的技巧。

清晰

清晰度是视频的基本要求，那么，影响视频清晰度的因素有哪些呢？首先是拍摄设备的像素。一般像素在1200万以上的手机就可以拍出非常清晰的视频了。当然，像素越高清晰度越好，用单反拍摄，肯定比用手机拍摄的清晰度要好。有了1200万以上像素的手机，也需要在手机设置里，把相机的参数设置为1080p、60fps，才能拍出清晰度高的视频作品。其次是美颜效果。有的创作者在拍人物的时候，为了把人像拍得好看，开启了美颜、滤镜等功能，这样会大大影响视频的清晰度，因此，建议在拍摄的时候一定不能开特效，包括美颜和滤镜等功能，如果要美化人像，可以在后期剪辑制作时进行处理。

有所变化

如果一直从一个角度、用一种风格来拍摄视频，就会显得非常单调。因此我们可以运用推、拉、摇、移等手法增加视频的丰富性和多样性。

74.

剪辑短视频有何工具？发布作品时有何技巧？

剪辑，就是我们常说的后期制作。我们拍好视频后，要通过后期制作来实现想要的效果。比如，剪掉多余的部分、去掉原声或杂音、变化视频的播放速度、调整视频的亮度和色温、添加音乐、添加标题和文字、增加特效、美化人物等，这些都可以通过剪辑App来实现。目前大家用得比较多的剪辑App有"剪映""快剪辑"和"快影"，可以根据你的实际需要和喜好来选择，我习惯用"剪映"。如果想要大片效果，可以使用"大片"App。

不同App的具体使用技巧略有一些差异，这些App都有学习教材，打开该App后，就能看到相应的学习资料，只需要花一些时间认真学习和练习即可掌握。

当你通过后期剪辑做出想要的视频后，就可以发布作品了。那么，在发布作品时有哪些注意事项和要求呢？

发布时间

一般作品的发布在观众在线的高峰期比较好。那么，短视频直播平台有哪些时段是观众在线的高峰期呢？主要有三个时段，一是早上起床时，二是午餐后的时间，三是晚餐后的时间。根据观察和统计，粉丝在线的最高峰是晚上 8:00—12:00。因此，在晚上 7:30—8:00 左右发布作品比较好。与职场人士和老年人相关的内容，适合早上 6:30—8:00 发布，情感类主播的视频适合晚上 10:00—11:00 发布。建议各位主播多试几次，看看哪个时间点发布视频流量最高，最有利于自己的品类销售。当然，这也不是绝对的，如果你定在下午 2:00—4:00 要做直播，那么就可以在中午 12:00 时发布作品，并做好相应的推广，在你开播时，就会有人看到你的短视频后进入你的直播间，这样可以更好地为你的直播间引流。按照我的经验，如果当天你要直播，就在开播前 2 小时发布短视频，如果当天不直播，在晚上 8:00 发布短视频是效果最好的。

发布频率

既然我们要通过短视频来吸引粉丝，为直播间引流，发布的频率最好做到日更，也就是每天发布一条作品为佳。如果你时间精力有限，做不到日更，那么一周发 3～4 条是必需的。当然，如果你某一条作品上了大热门，有几百万甚至几千万的播放量，就要等这条作品的热度过了再发下一条，否则会影响上一条作品的流量。一般上了热门的作品热度短则 3 天多则 5 天，要根据具体情况来判断。

发布规则

发布作品时，一般有四个方面需要注意。一是文案，二是话题，三是地址，四是 @ 官方助手，后文我会具体讲解具体操作方式。

75. 如何编写文案、选择话题、选定地址、@ 官方助手？

除了视频上的标题和文案外，在发布作品的时候，发布者还可以写一段与视频内容匹配的文案，就像发微信朋友圈时，除了发图片，还可以写一句话一样。这里的文案往往会对视频内容进行高度概括或高度提炼，或者是锦上添花，如果写得好，甚至会起到画龙点睛的作用，因此不可小觑。

一个回乡青年，到了老家的村口，随手拍了一段农村的山水画面，视频里有乡村的鸡鸣狗叫。同时配上《故乡的云》的高潮部分，"回来吧，回来哟，远在天边的游子……"，发布作品时配的文案是这样的："真希望一觉醒来，妈在烧饭，爸在砍柴，而我，还是一个没有长大的孩子。"我想，凡是从农村走出来的人看到这样的画面和文案，大概都会感慨万千、思乡心切。如果在发布作品时随便写一句"家乡的景色真美呀"或者"我终于回到了魂牵梦绕的老家"，这就很难引发情感上的共鸣。因此，文案要写出场景感和画面感。有时候文案和音乐比视频本身还重要，值得我们用心琢磨。

发布作品时，你还可以发起一个或者多个话题，其目的是当有人搜索相关话题时，能把你的作品搜出来。比如上面这条回老家的视频，发布时把话题设置为：#老家#农村，或者#春节。话题尽量与视频内容有相关性和匹配度。

如果是企业行为，在地址选定的时候你可以选择企业所在地，甚至是公司名称，这样可以起到宣传公司的目的。当然不同的短视频平台，设置地址的规则也不同。如果是个人行为，你可以选择当地的网红地址，蹭一下热度和该地址的流量对视频的推荐也是有帮助的。

@官方助手的目的是提醒官方平台尽早审核你的作品。因为所有短视频平台对平台上发布的作品都要进行审核，担心你的作品里有违反社会主义核心价值观和违反公序良俗的内容。只不过，平台审核刚开始都是机器人审核，当你的作品进入大流量池的时候，才会变成人工审核。不管怎样，提前审核总是好事，有什么违规的地方也好早知道，早调整。

76. 如何推广短视频、链接商品？

当我们的作品没有得到官方的助推进入大流量池，但我们希望让更多人看到，或者希望作品为直播间引流的时候，就需要对作品进行付费推广了。各个短视频平台的付费推广规则不一样，我以抖音短视频平台为例，给大家做一个阐述。

抖音短视频推广分为定向推荐和智能推荐。定向推荐就是发布者自己可以设置希望把该作品推荐给什么样的人，比如你可以设置性别、年龄、地区甚至是离你所在地方的距离。这就给有线下实体店的主播提供了非常有利的工具，可以直接让离你门店较近的人刷抖音时能刷到你的视频，从而为实体店引流。智能推荐就是平台根据大数据算法，以及平台对你账号的定位标签，把你的作品推荐给有可能喜欢你作品的粉丝，一般100元人民币可以推荐给5000人左右。

选择了短视频直播平台后，带货主播除了在直播间把商品展示给粉丝以外，也可以把产品链接挂在短视频上，这样，看到短视频的粉丝也能看到商品链接，增加了商品展示和粉丝购买的机会。只需要你在发布作品时点击添加商品，当然，前提是先把所要销售的产品加载到商品橱窗里。

如何整合优质货源？

对于厂家来说，开直播主要是为了销售自己生产的产品，货源不是什么问题。对于一般商家和自由创业者来说，却面临着寻找优质货源的问题。不管主播有多优秀，口才有多好，粉丝最终买的还是高性价比的商品。在选择货源与整合资源时，我们分享几种常见的方法。

自身定位

主播所销售的产品一定要与自身的 IP 定位和人设特征相符。如果你的人设定位是一个养生达人，你就不要去卖服装；如果你的人设定位是穿搭专家，你就一定不要去卖保健品；如果你的人设定位是食材专家，你就一定不要去卖建材。

畅销爆款

当找好了人设定位后，你就知道自己该销售什么品类的商品了。在大品类中，哪些产品畅销呢？以服装行业举例。当想好要卖服装了，你接下来得知道什么款式、什么面料、什么颜色是这段时间直播间最畅销的。这就不得不借助大数据分析了，大数据分析平台目前有飞瓜数据和卡思数据。你可以看到什么地区、什么时段、什么价位、什么款式的产品的详细销售数据，这为你寻找货源提供了非常精准的数据支撑。

品牌集合

长期固定直播的服装主播，会发现一场直播如果持续3个小时，至少需要更新36个款，若每天在直播间更新不同款式，则一周需要200多个款式。一家专卖店很难拿出这么多款式。同时，在直播时既要满足产品的风格统一性，又要满足价格的一致性，所以，只是家里的库存是无法满足直播需求的。主播要学会在线上招商，找到与自己带货的风格、价位一致的品牌合作。

批发合作

主播可以去当地服装批发城（批发基地），寻找当地最合适的服装品牌进行合作，以整合货源。

邀约主播

如果你家的服装类别品类多，可以邀请主播进行直播，但这种方式需要特别注意的是，主播虽然自带流量，但有些已经出名的主播要收取"坑位费"，也就是出场费。在不了解主播的情况下，盲目投入"坑位费"，最后没有通过这场直播盈利，则会是一次失败的投入。

如何管理客户关系？

我们通过直播，提高了销量，积累了粉丝，可是，把这些粉丝沉淀在哪里是最好的呢？后期的关系该如何维护呢？只要粉丝关注了我们的直播间就万事大吉了吗？接下来，我想结合这几年辅导品牌转型互联网和直播带货的经验，给大家几点建议。

一定要把成交了的粉丝沉淀在个人微信里

把用户沉淀在 ERP 软件、公众号、直播间或商城里，都不是最明智的做法。因为这些地方缺乏互动性、缺乏人情味，沟通做不到及时、人格化，都是冷冰冰的商业行为。而未来的商业一定是互动的、有温度的、人格化的。目前只有个人微信这个社交软件具有这些特征。因此，企业或品牌方一定要提前准备多个个人微信号，一个号可以加 5000 人，10 个号就可以加 5 万人，以此类推。

不过，在引导粉丝加个人微信前，一定要做好个人微信号的优化。头像要用真人的，可以用创始人或主播的照片，哪怕经过美化后相似度只有 20%，也比用蓝天白云做头像要好，这样显得真实。昵称要用真名或者大家平时都喜欢称呼你的一个艺名，这样显得亲切，千万不要用××公司，或者××品牌的名字，这样太商业化。背景图最好用工作场景，比如你是卖服装的，最好用一张你在给顾客试穿衣服的图片；如果你是做餐饮的，最好用一张店里客人爆满的场景图片等。朋友圈一定要做到日更，每天至少发一条，内容要丰富，切忌只有广告。一定要把你的个人生活、社交活动、兴趣爱好、销售场景、产品知识、买家秀等融入朋友圈里，让粉丝感觉这个号背后是一个真实的、有情有义、有血有肉、有趣有料的活生生的人，它不是一个纯粹的广告号，你创建这个号也不是纯粹的公司行为。

一定要持续加强个人 IP 的打造

未来是一个个人 IP 主导的商业时代，那种随便组合一堆货就能赚钱的时代已经一去不复返了。因此，一定要持续在顾客心里强化你在某个领域的专业性、持续性和权威性。千万不要一个产品卖火了，就盲目地认为什么产品你都可以卖，那样会冲淡你的 IP 定位，从而分散粉丝对你的 IP 认知，粉丝忠诚度会降低，渐渐地会离你而去。

一定要加强与粉丝的非商业化沟通

虽然在商言商，但是随着时代的发展，商家和顾客的关系也从原来的单纯买卖关系升级为合作伙伴关系。除了买卖，可以聊的内容还有很多，比如兴趣爱好、家庭生活、人生观、世界观等。因此，随着顾客数量的增加，我们应该建立专门的客服团队，用心沟通，真诚交流，深度了解用户的需求，从而为顾客反向定制打下坚实的基础。

做好粉丝个性化需求的数据化管理

粉丝的需求是不断变化的,也是不断升级的。因此,我们一定要摒弃工业化时代那种先生产一堆货,然后找渠道销售的卖方思维,而是要充分沟通、认真分析和总结粉丝的个性化需求,做好数据统计,为柔性供应链的改造和个性化定制做好数据支撑。

79. 如何培养新人主播和让更多的主播帮你带货？

不管是公司行为还是个人行为，当一个主播成熟后，就可以复制两个、三个甚至更多的主播。这样就可以从单打独斗发展到团队作战，从个体销售到规模化经营。不管是从后备人才的培养、经营规模的扩大还是经营风险的防范角度，这都是一件值得大家认真去做的事情。

根据我多年辅导主播的经验，培养新人主播最好的方法就是从做助理主播开始。这就像学厨师、木匠一样，天天看、天天听、天天感受，然后不断上镜直播，不断尝试、总结。当然，核心还是上镜，上镜才能成长得更快。这就像学习游泳，哪怕天天看别人游泳，天天在家里练习各种游泳姿势，如果不下水呛两口水，也是永远学不会的。助理主播身边有一个成熟的主播，可以现身说法，现场辅导，有任何问题都可以立即调整，这样就会进步很快。

一个人再能干，也很难比得过一群人。如果你有好的一手货源，仅仅靠自己直播带货，销量还是非常有限的。如果能够找一群带货主播帮你销售，那将是怎样一番景象呢？因为有的人有好的货源，有的人擅长做直播，正好可以各自发挥所长。那么，怎样才能找到主播帮你带货呢？具体应该怎样操作呢？我以抖音直播为例。

开一个抖音小店

首先你得开通一个抖音小店，把产品信息上传上去。抖音小店就像淘宝店一样，是抖音平台自己的电商商城。在你的抖音 App 上就可以按照官方流程申请并开通，非常简单。

当然，如果你有一个成熟的京东店、淘宝店、唯品会店、网易考拉店或者苏宁易购店，只要达到了抖音的要求和标准，也是可以的。

开通精选联盟

开通了抖音小店后，只能链接到 5 个抖音直播间进行销售，如果想要更多网红达人帮你带货，就需要向抖音官方申请成为抖音精选联盟，简单说就是抖音的优质商家。这时抖音电商平台就会对你的小店进行考察了，看你的成交量、顾客的评价、是否有工厂、是否有库房和基础库存、是否有标准的物流和售后服务体系等。如果审核通过了，你就可以在小店后台设置每一款产品的网红带货分成比例。然后全网寻找与你产品匹配的网红达人帮你带货，这些网红达人只需要把你的产品链接挂在他们的商品橱窗里，就可以开直播销售了。由你负责接单、物流和售后，抖音平台会把网红达人的佣金直接打在他们的账上。

全网搜索相关主播

做好了前面的准备工作并开通了精选联盟后，你不但可以主动寻找网红达人，网红达人也可以在抖音平台上找到你的小店，他们可以看见你的商品的零售价和提成佣金是多少，然后可以不经过你的允许，直接把你小店里的商品链接在他们的商品橱窗里直播卖货。如果你要主动寻找达人，就去抖音直播广场，看哪个主播符合你的产品调性，也可以主动联系主播。当然，如果你的小店业绩表现不错，抖音官方也会主动给你推荐更多主播，而且你可以在商家后台搜索到相关主播，理论上讲，你可以找到成千上万个主播帮你带货。

品牌商家如何与非本品牌主播合作？

商家要寻找非本品牌的主播合作，可以根据自己的情况选择不同的合作方式。这里给品牌方提供几种合作方式，可供选择。

主播选择

品牌方在类似飞瓜数据的平台，根据主播的带货数据分析，找到适合自己品牌出货的主播。分析数据和挑选主播方式主要包括：

（1）看回放：判断主播的表达风格是否符合品牌要求。

（2）看直播数据：判断主播的引流能力和销售力。

（3）看性价比：判断选择主播，预估投入与产出的盈利情况。

（4）看用户画像：判断主播的粉丝与本品牌的对应性，特别是高客单产品一定要看主播的粉丝是否具备消费承受力。

专场合作

品牌方可以和主播达成共识，找到专门的时间段推荐某系列产品，一般按小时计算。主播的固定佣金便宜的几百上千，贵的几十万。这在行业里叫"坑位费",当然,花了"坑位费",也不一定能产出收益,所以与大网红、大主播合作是有风险的,我们更建议品牌方能培养自己的专属主播。

链接费 + 佣金的方式

腰部以上主播在自己的直播间挂一个产品链接,也需要给链接费。具体费用金额不同,达成销售后主播还有相应的提成。这种方式要想成功,一定要选择对路的主播。

纯佣金方式

品牌方在各个平台找到主播风格、内容等对应产品属性的主播,以每售一单按固定提成比例计算,这种方式比较灵活,也可以与更多的主播合作,要注意的是品牌方需要有专门的员工每天在平台寻找主播,并私信与主播交流,达成共识,同时给选择了的主播提供相应的产品知识培训资料,对于销售量好的主播予以一些额外奖励,比如达到一定销售额以后,增加一些提成比例。

后记

直播，作为当下一种主流的品牌推广和商品流通的渠道，帮助了许许多多传统企业突出重围，成功转型线上，实现业绩倍增；也帮助了千千万万的创业者实现轻资产创业，并找到了事业的新方向，值得我们每一位企业家和创业者认真学习并付诸实践。

但是，我们也不能就此盲目夸大它的价值，以为只要掌握了直播的技巧，就可以一步登天，实现事业反转、人生逆袭。因为直播毕竟只是一个商品流通的渠道，或者说它仅仅是一个销售的工具。一份事业、一个品牌或一家企业的成功，受到太多因素影响，包括企业文化、经营战略、管理体系、组织架构、研发生产、财税规划、营销策略等，这其中与品牌创始人和创业者的初心、是否具有工匠精神、是否信守承诺、是否有职业使命感和社会责任心有着极大的关系。

如果你是厂家，在产品研发上一丝不苟，深度研究消费者需求，解决消费者痛点，在生产上精益求精，在原料把控上绝不偷工减料，产品品质上乘，性价比超高，那么，你只要运用好直播工具，就可以锦上添花，让品牌的发展蒸蒸日上。

如果你是商家，只要控制好成本，放下赚取高毛利的想法，踏踏实实做好服务，用心对待每一个客户的需求，做好客户关系管理，同时具备薄利多销的思维，那么，你只要运用好直播这个工具，就可以创造出事业新的春天。

如果你是自由创业者，只要你找准自己的人设定位，发挥专长，不随波逐流，不追求一夜暴富，不做一些表面繁荣实则是经济泡沫的项目，踏踏实实在专业和特长上不断学习和精进，为大众提供你独特的价值，那么，你只要运用好直播这个工具，就可以创造出属于自己的一片天地。

未来是一个信息高度透明的时代，是一个自品牌、自媒体、自组织、自渠道的时代。直播仅仅是5G时代互联网商业的一个开始，未来的人工智能、物联网和区块链技术，将催生更多、更好、更人性化的商业模式和商业工具，让我们拭目以待，共同走进这个伟大的新商业时代！

附录
直播禁语和禁止行为

直播禁语

1. 与政府、宗教相关的以及低俗的内容。

2. 不文明用语。

3. 疑似欺骗用户的词语。

4. 刺激消费的词语。

5. 暴力色情类词语。

6. 化妆品虚假宣传用语。

7. 医疗相关用语。

8. 负面内容，包括但不限于消极言论、负面导向、具有诱导性或诋毁性的不良信息。

9. 诱导未成年人刷礼物的语言。不仅不能诱导，还要在直播间主动提示"未成年观众请不要送礼物"。

10. 两性话题。比如"当时我就拉着人家的小手走到了小树林里，接着……"这种两性话题、低俗言论，不管有多隐晦，都是不允许的。

11. 敏感词，包括第一、唯一、国家级、金牌、绝无仅有、独一无二、绝对等限制级词语及仅此一次、随时涨价等无法确定时限的词语。

主播的禁止行为

1. 不要长时间离开直播间。很多人进入直播间，可能就是冲着你这个人来的，觉得你的表演有意思，或者认为你的产品解说有趣，所以愿意留在你的直播间。如果你中途长时间离开直播间，让助理主播主持场面，很容易导致观众流失，降低直播间人气。

2. 主播在直播或连线时做出不雅动作，或者模仿性行为动作，以及跳诱惑类舞蹈，做长时间扭动胸部和臀部等充满性暗示的动作，都是违反直播平台规定和平台严厉抵制的低俗内容。如果有这类行为，基本上就会被永久封禁直播间。

3. 直播封面的禁忌。好看的封面能够吸引人进入直播间，提升直播间人气，所以要在封面上下功夫。但是如果你要用人物作为封面，尽量不要使用非本人的图像，否则一方面有可能造成侵权问题，另一方面会给观众造成被欺骗的感觉，不利于直播间人气提升。另外，封面图中人物的着装不要过于暴露或者低俗、不清晰等。

4. 画面中不要出现管制刀具，以及抽烟、打架、相互辱骂等内容。

5. 禁止出现土豪炫富行为。

6. 禁止造谣，如灵异事件等内容。

7. 禁止发布涉嫌违法违规的内容，如中彩票、翡翠赌石等内容。

当出现上述违规情况时，账号轻则会被限流、降权，这种情况还可以通过养号重新提升账号权重，但违规情况严重者，账号就可能被重置，甚至永久封号，之前所做的努力全都白费了。

主播销售时禁止的内容

1. 避免过度承诺，确保给会员的赠品、优惠券、减免金额、活动力度是讲解清楚并能履行相应承诺的，如达人代播则需在播前和商家确认并沟通清晰。

2. 避免夸大优惠力度。比如承诺比"双十一"还优惠；已是低价，"双十一"不会比这次再便宜等。

3. 对于一些保健美容类商品，要实事求是地宣传，避免夸大功效及虚假宣传（如化妆品采用新型着色机理，不易褪色）。

4. 在推广商品时不要劝诱会员分期购买、筹钱购买等，这等于是在变相灌输提前消费等理念。

总之，主播一定要对直播内容的真实性负责，并遵守平台直播管理规则和《广告法》要求。